Sexting, Privatsphäre und (Bild-)Rechte im Internet

Annika Endres · Chantal Nestler · Eva-Maria Schiller

Sexting, Privatsphäre und (Bild-)Rechte im Internet

SPuR – Ein Präventionsprogramm für die 6. und 7. Jahrgangsstufe

Annika Endres
Schulpsychologischer Dienst Rheinisch-Bergischer Kreis
Bergisch Gladbach, Deutschland

Chantal Nestler
Schulpsychologischer Dienst der Stadt Köln
Köln, Deutschland

Eva-Maria Schiller
Institut für Psychologie, Universität Münster
Münster, Deutschland

ISBN 978-3-662-68721-5   ISBN 978-3-662-68722-2 (eBook)
https://doi.org/10.1007/978-3-662-68722-2

Die Deutsche Nationalbibliothek verzeichnet diese Publikation in der Deutschen Nationalbibliografie; detaillierte bibliografische Daten sind im Internet über https://portal.dnb.de abrufbar.

© Der/die Herausgeber bzw. der/die Autor(en), exklusiv lizenziert an Springer-Verlag GmbH, DE, ein Teil von Springer Nature 2024

Das Werk einschließlich aller seiner Teile ist urheberrechtlich geschützt. Jede Verwertung, die nicht ausdrücklich vom Urheberrechtsgesetz zugelassen ist, bedarf der vorherigen Zustimmung des Verlags. Das gilt insbesondere für Vervielfältigungen, Bearbeitungen, Übersetzungen, Mikroverfilmungen und die Einspeicherung und Verarbeitung in elektronischen Systemen.
Die Wiedergabe von allgemein beschreibenden Bezeichnungen, Marken, Unternehmensnamen etc. in diesem Werk bedeutet nicht, dass diese frei durch jedermann benutzt werden dürfen. Die Berechtigung zur Benutzung unterliegt, auch ohne gesonderten Hinweis hierzu, den Regeln des Markenrechts. Die Rechte des jeweiligen Zeicheninhabers sind zu beachten.
Der Verlag, die Autoren und die Herausgeber gehen davon aus, dass die Angaben und Informationen in diesem Werk zum Zeitpunkt der Veröffentlichung vollständig und korrekt sind. Weder der Verlag noch die Autoren oder die Herausgeber übernehmen, ausdrücklich oder implizit, Gewähr für den Inhalt des Werkes, etwaige Fehler oder Äußerungen. Der Verlag bleibt im Hinblick auf geografische Zuordnungen und Gebietsbezeichnungen in veröffentlichten Karten und Institutionsadressen neutral.

Planung/Lektorat: Wiebke Wuerdemann
Springer ist ein Imprint der eingetragenen Gesellschaft Springer-Verlag GmbH, DE und ist ein Teil von Springer Nature.
Die Anschrift der Gesellschaft ist: Heidelberger Platz 3, 14197 Berlin, Germany

Das Papier dieses Produkts ist recycelbar.

Vorwort

Berichte von Lehrkräften über freizügige Bilder, die in der ersten romantischen Beziehung geteilt werden und nach Beziehungsende in der Schule verbreitet wurden. Erzählungen von sogenannten „Nudes" oder Nacktselfies, die aus Spaß im Freundeskreis aufgenommen wurden und später Grundlage für Mobbing einzelner Schüler:innen waren. Medienberichte zu Klassenchats in denen freizügige Aufnahmen von Minderjährigen geteilt wurden und nun wegen Verbreitung von Kinderpornografie strafrechtlich untersucht werden. Beispiele wie diese verdeutlichen, wie wichtig es ist, die Themen Privatsphäre, Bildrechte und Sexting an Schulen zu besprechen und präventiv zu arbeiten, um Schüler:innen zu befähigen, sich selbst zu schützen und verantwortungsvolle Entscheidungen im Umgang mit freizügigen Fotos zu treffen. Die Förderung von Medienkompetenz ist eine zentrale Bildungsaufgabe von Schulen (z. B. Medienkompetenzrahmen NRW, 2019; KMK-Strategie „Bildung in der digitalen Welt", 2016). Schulen sind somit angehalten, wirksame Medienkonzepte zu entwickeln und diese mit ihren Schülern/Schülerinnen umzusetzen. Der Austausch mit Lehrkräften, Schulpsychologen/Schulpsychologinnen, Sozialpädagogen/Sozialpädagoginnen und weiteren Personen aus dem Bildungskontext verdeutlichte uns den Bedarf an fundierten Medienkonzepten. Ergänzt wurde dieser Eindruck auch durch die wissenschaftlichen Befunde zur Mediennutzung im Jugendalter, zur Bedeutung digitaler Selbstdarstellung für Jugendliche in sozialen Medien und damit einhergehender potentieller Risiken. Gleichzeitig ist in der wissenschaftlichen Literatur auch ein Mangel an wissenschaftlich fundierten und evaluierten Konzepten erkennbar.

Die Idee zu unserem Präventionsprogramm entstand als Antwort auf diesen Bedarf. Präventive Maßnahmen zum Themenbereich der digitalen Kompetenz wurden zunächst im Rahmen von Schulprojekten entwickelt und erprobt, die über das *Centrum für Lernen, Entwicklung und Beratung* am Institut für Psychologie der Universität Münster (auch Ce.LEB; vormals *Münsteraner Beratungslabor*) gemeinsam mit Studierenden der Psychologie durchgeführt wurden. Auf Basis dieser Vorarbeiten, konzipierten und evaluierten Annika Endres und Chantal Nestler unter der Projektleitung von Dr. Eva-Maria Schiller im Jahr 2019 in einem Pilotprojekt das SPuR-Präventionsprogramm.

Die Abkürzung „SPuR" bedeutet „**S**exting, **P**rivatsphäre **u**nd (Bild-)**R**echte im Internet" und verweist auf den inhaltlichen Schwerpunkt des Konzepts. Das

SPuR-Präventionsprogramm integriert diese Themen in ein Präventionsangebot und gibt Antworten und Handlungsleitlinien auf die Fragen: Welche Möglichkeiten gibt es, Schülern/Schülerinnen Wissen zu den Themen Privatsphäre im Internet und Bildrechte zu vermitteln? Wie kann Schülern/Schülerinnen altersgerecht nähergebracht werden, was Sexting ist und mit welchen Risiken das Versenden freizügiger Bilder einhergehen kann? Welche Strategien können Schülern/Schülerinnen an die Hand gegeben werden, Sexting möglichst risikoarm zu gestalten und welche Handlungsleitlinien sind für Schüler:innen hilfreich, wenn bereits freizügige Bilder ungewollt verbreitet wurden? Das SPuR-Präventionsprogramm fördert einen verantwortungsvollen Umgang mit Privatsphäre im Internet, vermittelt Wissen und zielt auf die Prävention der missbräuchlichen Verwendung freizügiger Fotos ab.

Anknüpfend an das Pilotprojekt, entwickelten wir das SPuR-Präventionsprogramm in den darauffolgenden Jahren weiter. Orientiert an einem *train-the-trainer*-Modell schulten wir Multiplikatoren/Multiplikatorinnen, die das SPuR-Präventionsprogramm als Trainingskräfte an Schulen durchführten. Die Multiplikatoren/Multiplikatorinnen waren Studierende im Psychologie-Bachelorstudium und im Psychologie-Masterstudienschwerpunkt „Lernen, Entwicklung, Beratung" an der Universität Münster. Ihr Training beinhaltete die Vermittlung theoretischer Grundlagen und empirischer Befunde zur Mediennutzung im Jugendalter, zum Thema Sexting, zum Umgang von Jugendlichen mit Privatsphäre im digitalen Raum und zu Bildrechten. Zusätzlich erhielten die Trainingskräfte eine praktische Schulung zur Durchführung des SPuR-Präventionsprogramms und Reflexionsgespräche nach den Programm-Durchführungen. Im partizipativen Austausch mit den Multiplikatoren/Multiplikatorinnen und den Schülern/Schülerinnen wurde das SPuR-Präventionsprogramm evaluiert. Durch die schulpsychologischen Tätigkeiten von Annika Endres und Chantal Nestler in den letzten Jahren und durch den Austausch mit Vertretern/Vertreterinnen aus Beratungs- und Bildungseinrichtungen, der regelmäßig über Dr. Eva-Maria Schiller im Rahmen des Ce.LEB erfolgt, entwickelten wir das SPuR-Präventionsprogramm inhaltlich und organisatorisch für die schulischen Bedarfe und Rahmenbedingungen weiter. Ergebnis dieser Entwicklungs- und Implementationsarbeit ist ein theoretisch fundiertes, praktisch erprobtes und evaluiertes Programm, das sich für den Einsatz in den Jahrgängen 6 und 7 an weiterführenden Schulen eignet.

Nun wollen wir das SPuR-Präventionsprogramm auch einer größeren Leserschaft zur Verfügung stellen. Das SPuR-Präventionsprogramm richtet sich an Lehrkräfte, die in der Sekundarstufe I unterrichten (z. B. Deutsch, Gesellschaftslehre, Religion/Philosophie), an Schulsozialarbeiter:innen, an schulexterne Trainingskräfte (z. B. aus Erziehungsberatungsstellen, Schulpsychologischen Beratungsstellen), an (freiberufliche) Medienpädagogen/Medienpädagoginnen sowie an Lehramtsstudierende und an Studierende der Erziehungswissenschaften, Psychologie, Kommunikationswissenschaften und sozialer Arbeit. Für diese Zielgruppen liefert das SPuR-Präventionsprogramm fundierte Hintergrundinformationen und praktische Handlungsvorschläge. Unser Buch ermöglicht eine eigenständige Einarbeitung und eine selbstständige praktische Umsetzung. Deshalb eignet es sich auch für alle, die sich selbstständig fortbilden möchten und Anregungen für ihren Praxisalltag suchen. Auch Eltern finden in diesem Buch hilfreiche Informationen und Tipps für die Medienerziehung ihrer Kinder.

Das Manual ist in vier Teile gegliedert. *Im ersten Teil* führen wir in das Thema ein und beschreiben wissenschaftliche Hintergrundinformationen zur Mediennutzung im Jugendalter, zur Rolle der sozialen Medien für die Bewältigung von Entwicklungsaufgaben und für soziale Beziehungen. Über Fallbeispiele stellen wir hier bereits einen praktischen Bezug her und geben Einblicke in typische, medienbezogene Themen im Jugendalter. Anknüpfend daran, beschreiben wir, was Sexting umfasst, welche Daten zur Auftretenshäufigkeit und Geschlechtsunterschieden zur Verfügung stehen und welche Motive es für Sexting gibt. Einen besonderen Fokus legen wir im ersten Teil auch auf Risiken und Folgen von Sexting. Am Ende des ersten Teils werden auch Präventionsansätze bei Sexting, Rahmenbedingungen des Jugendmedienschutzes und Implikationen für die schulische Prävention erläutert. Daran anschließend beschreiben wir im *zweiten Teil* die Ziele, die Zielgruppe, den Aufbau und die didaktische Umsetzung des Programms. In diesem Teil stellen wir auch die Ergebnisse unserer wissenschaftlichen Studien vor, in denen wir das SPuR-Präventionsprogramm evaluierten. Im *dritten Teil* beschreiben wir die praktische Umsetzung des SPuR-Präventionsprogramms und veranschaulichen diese durch Praxisleitfäden mit konkreten Modulbeschreibungen, Instruktionen und Trainingsmaterialien. Im *vierten* Teil geben wir Informationen dazu, wie programmbegleitende Elterninformationsveranstaltungen vorbereitet und praktisch umgesetzt werden können.

An der Entwicklung, Durchführung und Evaluation des SPuR-Präventionsprogramms waren viele Personen beteiligt. Wir bedanken uns bei den Schülern/Schülerinnen, den Lehrkräften und den pädagogischen Fachkräften der teilnehmenden Schulen in Münster, Steinfurt und Horstmar sowie bei den Eltern, die die Teilnahme ihrer Kinder an der Evaluation des SPuR-Präventionsprogramms unterstützten. Wir bedanken uns bei Jan Klausdeinken, Michael Goßeling und Janina Korporal, die die Organisation des SPuR-Präventionsprogramms in vielen Klassen und begleitende Elternabende an ihren Schulen federführend unterstützten sowie bei Juliane Schulz, die im Rahmen ihrer Masterarbeit Ideen zur Weiterentwicklung einiger Übungen eingebracht und erprobt hat. Bedanken möchten wir uns auch bei den Studierenden, die als Multiplikatoren/Multiplikatorinnen an den Schulen tätig waren und die Evaluationsstudien unterstützt haben, hier insbesondere bei Solenne Burckhardt, Mark Eckner, Ariana Graf, Annika Maeser, Michèle Arndt, Kathrin Böhlemann, Christina Dinter, Denitsa Goranova, Lea Haarmann, Felicia Jung, Leonie Pfaff, Juliane Schultheis, Karen Vestring, Leonie Wecke und Lucia Wüste. Unser Dank gilt auch den Studierenden, die während der Corona-Pandemie an der Entwicklung einer digitalen Version des SPuR-Präventionsprogramms mitgearbeitet haben und mit ihren Ideen auch das Programm in seinem Präsenzformat bereicherten, hier insbesondere Juliane Schulz, Mona Diedrich, Carolin Grande, Julia Christmann, Juliette Fischer, Vera Hypki, Alena Jessen, Judith Lanfermann, Maryse Müller, Lisa Noltkämper, Malin Plewka, Klara Schürmann, Sarah Schürmann, Melike Sevgen-Günther,

Leonie Siegert, Anna-Lena Thüß, Ophelia Urbach, Hannah Vertgewall, Anne Wößmann und Svenja Zierott. Wir bedanken uns auch bei der Forschungskoordinatorin der Arbeitseinheit Entwicklungspsychologie Ulrike Wilde, die die organisatorischen Vorbereitungen der Evaluationsstudien unterstützte. Eva Berlet danken wir für die Unterstützung bei der Erstellung der Fotomaterialien zu Tafelbildern. Besonders bedanken möchten wir uns auch bei Stefan Nestler für das Einsprechen des Textes für das Video, das wir für das SPuR-Präventionsprogramm produziert haben.

Unser Dank gilt auch Prof. Dr. Stephanie Pieschl. Sie bereitete bereits 2014 für Dr. Eva-Maria Schiller den Weg dafür, an Schulen in Münster zu den Themen Cybermobbing, Sexting und Prävention medienbasierter sexualisierter Gewalt gemeinsam mit Studierenden im Rahmen von Lehrprojekten präventiv tätig zu sein. Sie stellte zudem den Kontakt zur AG Medien der Stadt Münster her. Dieser Kontakt befördert bis heute die Vernetzung von Praxisvertretern/Praxisvertreterinnen aus den Bereichen Bildung, Beratung, Prävention und dem Ce.LEB.

Wir möchten uns weiterhin bei Wiebke Würdemann, Katrin Petermann, Surbhi Shahane, Roopashree Narayana Setty und den weiteren Mitarbeitern/Mitarbeiterinnen des Springer Verlags für die gute Zusammenarbeit im Rahmen der Veröffentlichung dieses Buchprojekts bedanken.

Fragen, Kommentare und Rückmeldungen zum SPuR-Präventionsprogramm können gerne über die E-Mail-Adresse ce.leb@uni-muenster.de an uns gerichtet werden.

Münster und Köln
im September 2023

Annika Endres
Chantal Nestler
Eva-Maria Schiller

Literatur

Medienberatung NRW (2019). Medienkompetenzrahmen NRW. https://medienkompetenzrahmen.nrw/. Zugegriffen: 14. Sept. 2023.

Kultusministerkonferenz (2016). Bildung in der digitalen Welt – Strategie der Kultusministerkonferenz. https://www.kmk.org/fileadmin/Dateien/veroeffentlichungen_beschluesse/2016/2016_12_08-Bildung-in-der-digitalen-Welt.pdf. Zugegriffen: 12. Sept. 2023.

Inhaltsverzeichnis

1	**Einführung**		1
	Literatur		4
2	**Theoretische Grundlagen**		5
	2.1	Mediennutzung im Jugendalter	5
	2.2	Die Rolle sozialer Medien für die Bewältigung von Entwicklungsaufgaben	8
	2.3	Soziale Medien und soziale Beziehungen	10
	2.4	Sexting: Austausch freizügiger Fotos	13
		2.4.1 Definition	13
		2.4.2 Auftretenshäufigkeit und Geschlechterunterschiede	14
		2.4.3 Motive für Sexting	15
		2.4.4 Risiken und Folgen von Sexting	17
	2.5	Sexting und Prävention	18
		2.5.1 Digitale Bildung in Schulen	18
		2.5.2 Implikationen für schulische Prävention	20
	Literatur		23
3	**Entwicklung und Evaluation des SPuR-Präventionsprogramms**		29
	3.1	Ziele des SPuR-Präventionsprogramms	29
	3.2	Zielgruppe	30
	3.3	Aufbau des SPuR-Präventionsprogramms	30
	3.4	Didaktische Umsetzung	32
	3.5	Evaluation des SPuR-Präventionsprogramms	33
		3.5.1 Rahmenbedingungen der Evaluationsstudien	34
	3.6	Evaluationsstudie 1: Evaluation der Programmdurchführung	35
		3.6.1 Ziele/Fragestellungen	35
		3.6.2 Methode	35
		3.6.3 Ergebnisse	37
		3.6.4 Schlussfolgerungen/Praktische Implikationen	38

	3.7	Evaluationsstudie 2: Evaluation der Wirksamkeit des Programms	39
		3.7.1 Ziele und Fragestellungen	39
		3.7.2 Methode	40
		3.7.3 Ergebnisse	42
		3.7.4 Schlussfolgerungen/Praktische Implikationen	44
	3.8	Evaluationsstudie 3: Evaluation der Wirksamkeit des Programms	45
		3.8.1 Ziele und Fragestellung	45
		3.8.2 Methode	46
		3.8.3 Ergebnisse	49
		3.8.4 Schlussfolgerungen/Praktische Implikationen	51
	Literatur		52
4	**Praktische Durchführung des SPuR-Präventionsprogramms**		**53**
	4.1	Allgemeine Hinweise zum Durchführungsmanual	53
	4.2	Einstiegsmodul	57
		4.2.1 Begrüßung	57
		4.2.2 Aufwärmübung 1: „Alle, die…"	59
		4.2.3 Aufwärmübung 2: Begriffe erraten	60
		4.2.4 Vorstellung des SPuR-Programmplans	62
	4.3	Modul 1: Internet und Privatsphäre	64
		4.3.1 Übung: Welche Apps verwende ich?	64
		4.3.2 Übung: Was poste ich von mir?	67
		4.3.3 Übung: Wie stelle ich mich im Internet dar?	68
	4.4	Modul 2: Umgang mit eigenen und fremden Bildrechten	70
		4.4.1 Übung: Bildrechte-Quiz	70
	4.5	Modul 3: Was ist Sexting, wieso werden freizügige Fotos verschickt und welche Folgen kann es haben?	73
		4.5.1 Einstiegsvideo: Was ist Sexting?	74
		4.5.2 Definition von Sexting	75
		4.5.3 Übung: Motive und Risiken von Sexting	76
	4.6	Modul 4: Wie fühlt es sich an, wenn ein freizügiges Foto in Umlauf gerät?	83
		4.6.1 Übung: Tagebucheintrag	83
	4.7	Modul 5: Was kann ich tun, wenn ein freizügiges Foto in Umlauf gerät? Wie kann Sexting sicher gestaltet werden?	86
		4.7.1 Übung: Die HELP-Strategien: Verhalten bei der Verbreitung von freizügigen Fotos	87
		4.7.2 Übung: Sexting-Situationen einschätzen	89
		4.7.3 Zusammenfassung Safer Sexting	91
	4.8	Feedbackmodul	92
		4.8.1 Ausführliches Feedback: Feedback-Gespräch	93
		4.8.2 Kurzes Feedback: „Alle, die…" mit Feedback-Sätzen	94
	Literatur		95

5	**Informationsveranstaltung für Eltern**..............................	97
	Anhang	103
	Literatur..	103

Literatur.. 105

Abbildungsverzeichnis

Abb. 3.1	Aufbau des SPuR-Präventionsprogramms	30
Abb. 3.2	Wissenszuwachs über die drei Messzeitpunkte	43
Abb. 3.3	Wissenszuwachs (Warte-)Kontrollgruppe vs. Interventionsgruppe	50
Abb. 3.4	Veränderung Victim Blaming	50
Abb. 4.1	Übung – Motive und Risiken	79
Abb. 4.2	Übung – Die HELP-Strategien	88

Tabellenverzeichnis

Tab. 2.1	Hilfreiche Informationsseiten zum Thema Sexting	22
Tab. 5.1	Überblick über die SPuR-Informationsveranstaltung	100
Tab. 5.2	Hilfreiche Internetseiten für Eltern	102

Einführung 1

> **Beispiel**
>
> Jola (16 Jahre) hat ihrem Freund Tiano (15 Jahre) zum Jahrestag ein Foto von sich in Unterwäsche geschickt, um ihn zu überraschen. Tiano hat sich sehr über das Foto gefreut und versicherte Jola, dass er es für sich behalten würde. Wenige Tage später gerieten die beiden in einen heftigen Streit. Tiano war so wütend auf Jola, dass er das Foto von Jola in Unterwäsche an einen Freund von ihm weiterleitete. Nach ein paar Tagen war das Foto auf vielen Handys von Jolas Bekannten. Jola bekommt mit, wie hinter ihrem Rücken über sie gesprochen und gelacht wird. Seitdem fehlt sie in der Schule, weil sie sich nicht mehr hinzugehen traut. Jola fühlt sich hilflos und weiß nicht weiter.
>
> Elian und Sinja (beide 17 Jahre) haben sich vor kurzem über ein Online-Spiel kennengelernt. Beide waren neugierig aufeinander und schickten sich täglich Nachrichten. Elian, der versuchte, Sinjas Interesse zu wecken, entschied sich, ihr ein freizügiges Foto von sich selbst zu schicken, in der Hoffnung, ihre Aufmerksamkeit zu gewinnen. Sinja war von seiner Offenheit überrascht und wusste nicht, wie sie darauf reagieren sollte. Sie beschloss, das Foto an ihre engsten Freundinnen weiterzuleiten. Eine von Sinjas Freundinnen machte sich über das Foto lustig und schickte es weiter. Es dauerte nicht lange, bis sich das Foto in den sozialen Medien verbreitete. Elian erfuhr schließlich, dass sein freizügiges Foto, das er vertrauensvoll an Sinja geschickt hatte, in der Öffentlichkeit geteilt wurde. Elian ist verzweifelt und schämt sich nun für das Foto.
>
> An einem heißen Sommertag ging Noelia (14 Jahre) mit ihren besten Freundinnen in ein Einkaufszentrum, um Bikinis für die bevorstehenden Sommerferien anzuprobieren. In der Umkleidekabine beschlossen sie, ein paar Fotos von sich in den neuen Bikinis zu machen, um zu sehen, wie sie darin aussehen. Anschließend schick-

ten sie die Fotos in ihre gemeinsame WhatsApp-Gruppe. Kurz darauf bekam Noelia eine Eins in Mathe. Ihre beste Freundin war eifersüchtig und schickte das Foto von Noelia im Bikini in den Klassenchat, um von Noelias Erfolg abzulenken und auf sich aufmerksam zu machen. Die Reaktionen im Klassenchat waren unmittelbar. Einige Mitschüler:innen kommentierten das Foto, machten Witze und fanden es lustig, während andere sich über die unerwartete Ablenkung wunderten. Noelia war schockiert und beschämt, als sie das Foto von sich im Klassenchat entdeckte. Sie fühlt sich von ihrer besten Freundin hintergangen und verletzt. ◄

So wie Jola, Elian und Noelia geht es vielen Jugendlichen, denen Ähnliches passiert ist. Die geschilderten Fälle verdeutlichen aufgrund ihrer weitreichenden Folgen die Wichtigkeit, Jugendliche zu befähigen verantwortungsbewusst mit Bildmaterial von sich und von anderen umzugehen. Die schulische Präventionsarbeit nimmt dabei einen wichtigen Stellenwert ein.

Das Versenden und Empfangen selbst produzierter, freizügiger Fotos über das Internet wird als Sexting bezeichnet (Döring, 2012). Sexting stellt heutzutage eine übliche Form intimer Kommunikation unter Jugendlichen dar, kann jedoch negative soziale und rechtliche Folgen haben, wenn ein freizügiges Foto ungewollt an Personen weitergeleitet wird, für die es ursprünglich nicht bestimmt war (Döring, 2012, 2014; Walrave et al., 2015). Die Verbreitung solcher Fotos (Nudes, Pics oder Sexts) kann den schulischen sowie beruflichen Werdegang der abgebildeten Person negativ beeinflussen (Dekker et al., 2021; Katzman, 2010; Kopecký, 2015) und zu (Cyber-)Mobbing durch die Mitschüler:innen führen (Dekker et al., 2021; van Ouytsel et al., 2019a). Außerdem kann Sexting mit strafrechtlichen Konsequenzen einhergehen, wenn die abgebildete Person unter 18 Jahre alt ist.

In Ergänzung zu bisher veröffentlichten Präventionsmaßnahmen entwickelten wir das SPuR-Präventionsprogramm („**S**exting, **P**rivatsphäre **u**nd (Bild-)**R**echte im Internet"), das Schüler:innen für die Themen Privatsphäre und Selbstdarstellung im Internet sensibilisieren soll, Bildrechte thematisieren sowie Wissen und Handlungskompetenzen zu Sexting und seinen Folgen vermitteln soll. Das dazugehörige SPuR-Durchführungsmanual (Kap. 4) befähigt Schulsozialarbeiter:innen, Lehrkräfte und externe Trainingskräfte das SPuR-Präventionsprogramm eigenständig anzuleiten, um somit einen Beitrag zur Stärkung der Medienkompetenzen und zur Prävention der negativen Folgen von Sexting an Schulen oder in anderen Kontexten in der Arbeit mit Jugendlichen (z. B. Jugendhilfe) zu leisten.

Das SPuR-Präventionsprogramm wurde auf der Grundlage theoretischer Konzepte und aktueller wissenschaftlicher Befunde konzipiert, wobei insbesondere entwicklungs- und medienpsychologische Befunde sowie Merkmale effektiver Präventionsmaßnahmen (Nation et al., 2003) berücksichtigt wurden. Das SPuR-Präventionsprogramm richtet sich an Schüler:innen der 6. und 7. Jahrgangsstufe, weil diese Zielgruppe in der Regel noch kaum eigene Vorerfahrungen mit Sexting gemacht hat. Dies hat den Vorteil, dass das Programm präventiv wirken kann und die Jugendlichen, wenn sie in eine entsprechende Situation kommen, wissen, worauf sie achten müssen und was sie tun können, um negative Folgen zu vermeiden. Die Inhalte sind an den Entwicklungsstand der Schüler:innen, ihre Einstellungen und kulturellen Normen angepasst, was bedeutet, dass die Übungen und Fallbeispiele die Lebenswirklichkeit der Schüler:innen abbilden und sie sich darin wiederfinden können. Das Durchführungsmanual ermöglicht den Trainingskräften eine sorgfältige, kleinschrittige Vorbereitung auf die Durchführung des SPuR-Präventionsprogramms. Zu jeder Übung steht der Trainingskraft eine ausführliche Anleitung mit Hinweisen und Formulierungsbeispielen zur Verfügung. Daneben zeichnet sich das SPuR-Präventionsprogramm durch eine hohe Methodenvielfalt aus, da die Inhalte mit unterschiedlichen Lehr- und Lernmethoden erarbeitet werden. Zusätzlich zur Informations- und Wissensvermittlung können die Schüler:innen durch alltagsnahe Praxisbeispiele und interaktive Elemente eigene Ideen generieren und einbringen. Das SPuR-Präventionsprogramm wurde in mehreren Studien hinsichtlich seiner Umsetzbarkeit und Wirksamkeit wissenschaftlich evaluiert (Abschn. 3.6, 3.7 und 3.8). Die Ergebnisse der Evaluationsstudien zeigen, dass das Programm durchführbar und wirksam ist.

Das SPuR-Präventionsprogramm besteht aus einem Einstiegsmodul, fünf inhaltlichen Modulen und einem Feedbackmodul. Die Module können entweder vollständig an einem Projekttag durchgeführt werden oder flexibel auf mehrere Unterrichtseinheiten verteilt werden (Kap. 4). Im ersten Modul werden die Schüler:innen dazu angeregt, ihr Nutzungsverhalten von Apps zu reflektieren, insbesondere welche Informationen sie dabei von sich preisgeben und wie sie sich selbst online darstellen. Das zweite Modul vermittelt anhand praktischer Beispiele Wissen über die eigenen und die Bildrechte anderer. Im dritten Modul erarbeiten die Schüler:innen, orientiert an den Gestaltungsprinzipien der Anchored Instruction (Bransford et al., 1990; Cognition and Technology Group at Vanderbilt (CTGV), 1990, 1992), anhand eines videobasierten Fallbeispiels die Definition von Sexting und werden mit Motiven und Risiken von Sexting vertraut gemacht. Im vierten Modul liegt der Schwerpunkt auf den Gefühlen der Beteiligten bei der ungewollten Verbreitung eines freizügigen Fotos, die durch eine Aufgabe zur Perspektivübernahme vermittelt werden. Das abschließende fünfte Modul vermittelt Handlungsstrategien für den Fall, dass ein solches Foto missbräuchlich verwendet wird und benennt Strategien, die dabei helfen, Sexting verantwortungsvoll zu gestalten.

Durch die klare Struktur ermöglicht das SPuR-Präventionsprogramm eine gezielte Herangehensweise an das Thema und bietet sowohl theoretisches Hintergrundwissen als auch praktische Anleitungen zur Umsetzung des Programms sowie zum Einbezug von Eltern und Sorgeberechtigten (Kap. 5).

Literatur

Bransford, J. D., Sherwood, R. D., Hasselbring, T. S., Kinzer, C. K., & Williams, S. M. (1990). Anchored instruction: Why we need it and how technology can help. In D. Nix & R. J. Spiro (Hrsg.), *Cognition, education, and multimedia: Exploring ideas in high technology* (S. 115–141). Lawrence Erlbaum Associates Inc.

Cognition and Technology Group at Vanderbilt (CTGV). (1990). Anchored instruction and its relationship to situated cognition. *Educational Researcher, 9*(6), 2–10. https://doi.org/10.3102/0013189X01900600.

Cognition and Technology Group at Vanderbilt (CTGV). (1992). The Jasper Series as an example of anchored instruction: Theory, program description, and assessment data. *Educational Psychologist, 27*(3), 291–315. https://doi.org/10.1207/s15326985ep2703_3.

Dekker, A., Behrendt, P., & Pregartbauer, L. (2021). Zur nichtkonsensuellen Weiterleitung persönlicher erotischer Fotos an Schulen: Eine Befragung von Schulleitungen in Schleswig-Holstein zu sexuellen Grenzverletzungen mittels digitaler Medien. *Bundesgesundheitsblatt, Gesundheitsforschung, Gesundheitsschutz, 64*(11), 1391. https://doi.org/10.1007/s00103-021-03436-4.

Döring, N. (2012). Erotischer Fotoaustausch unter Jugendlichen: Verbreitung, Funktionen und Folgen des Sexting. *Zeitschrift für Sexualforschung, 25*(1), 4–25. https://doi.org/10.1055/s-0031-1283941.

Döring, N. (2014). Consensual sexting among adolescents: Risk prevention through abstinence education or safer sexting? *Cyberpsychology: Journal of Psychosocial Research on Cyberspace, 8*(1). https://doi.org/10.5817/CP2014-1-9.

Katzman, D. K. (2010). Sexting: Keeping teens safe and responsible in a technologically savvy world. *Paediatrics & Child Health, 15*, 41–42. https://doi.org/10.1093/pch/15.1.41.

Kopecký, K. (2015). Sexting among slovak pubescents and adolescent children. *Procedia – Social and Behavioral Sciences, 203*, 244–250. https://doi.org/10.1016/j.sbspro.2015.08.289.

Nation, M., Crusto, C., Wandersman, A., Kumpfer, K. L., Seybolt, D., Morrissey-Kane, E., & Davino, K. (2003). What works in prevention: Principles of effective prevention programs. *American Psychologist, 58*(6–7), 449–456. https://doi.org/10.1037/0003-066X.58.6-7.449.

Van Ouytsel, J., Lu, Y., Ponnet, K., Walrave, M., & Temple, J. R. (2019). Longitudinal associations between sexting, cyberbullying, and bullying among adolescents: Cross-lagged panel analysis. *Journal of Adolescence, 73*, 36–41. https://doi.org/10.1016/j.adolescence.2019.03.008.

Walrave, M., Ponnet, K., Van Ouytsel, J., Van Gool, E., Heirman, W., & Verbeek, A. (2015). Whether or not to engage in sexting: Explaining adolescent sexting behaviour by applying the prototype willingness model. *Telematics and Informatics, 32*(4), 796–808. https://doi.org/10.1016/j.tele.2015.03.008.

Theoretische Grundlagen 2

2.1 Mediennutzung im Jugendalter

Beispiel

Wenn die 14-jährige Sofia aufwacht, greift sie sofort nach ihrem Smartphone. Sie checkt ihre Nachrichten auf ihren Social-Media-Plattformen, um zu sehen, was ihre Freunde gepostet haben, während sie geschlafen hat. Anschließend geht sie ins Bad und hört dabei einen Podcast, der sie mit Infos zu Musikcharts und Promi-Gerüchten versorgt. Im Schulbus surft Sofia im Internet und hinterlässt ihrer Freundin eine kurze Sprachnachricht, um sich nach der Schule mit ihr zu verabreden. Während der Mittagspause schaut sich Sofia gemeinsam mit zwei Schülern ein Video an, das eine Mitschülerin auf einer Videoplattform gepostet hat und schreibt Kommentare dazu. Nach der Schule erledigt Sofia ihre Hausaufgaben und trifft sich mit ihrer Freundin Sara. Nachdem die beiden eine Serie über einen Videostreaming-Dienst geschaut haben, beschließen sie ein Fotoshooting zu machen und ihre Social-Media-Profile zu aktualisieren. Sofia ist verliebt in einen Jungen und möchte ihn mit schönen Fotos in ihrem Status beeindrucken. Sie weiß, dass er sich schon öfter Fotos angesehen hat, die sie online gestellt hat. Abends checkt sie noch einmal ihre Social-Media-Feeds und hört Musik zum Einschlafen.

Der 13-jährige Max wird morgens vom Klingeln des Smartphone-Weckers geweckt. Nachdem er diesen ausgeschaltet hat, gibt er seinem Sprach-Assistenten den Hinweis, Musik von seiner Lieblingsband zu spielen. Beim Frühstück scrollt er über News-Feeds und die neuesten Nachrichten seiner Klassenchat-Gruppe. Seit er schlafen gegangen ist, wurden 45 neue Nachrichten veröffentlicht. Belustigt über manche Beiträge, teilt auch er zwei Memes und schreibt einen Kommentar dazu. Für diesen Kommentar bekommt er prompt Zuspruch von sechs Mitschülerinnen und geht fröhlich in die Schule. Während des Unterrichts behält er sein Smartphone in seiner Tasche, um keine Schwierigkeiten mit den Lehrkräften zu bekommen. Nach der Schule geht Max nach Hause und setzt sich an seinen Computer. Er spielt gerne Online-Videospiele, bei denen er mit Freunden in Teams spielt und über ein Headset mit ihnen kommuniziert. Parallel dazu folgt er über sein Tablet einigen Personen, die sich in einem Blog über das Videospiel austauschen und Videos auf einem Videoportal empfehlen, die besonders gute Spielstrategien zeigen. Abends recherchiert er im Internet noch nach Informationen für die Schule und streamt anschließend Videos, bis er schlafen geht. ◄

An den Beispielen von Sofia und Max zeigt sich, welchen alltäglichen und selbstverständlichen Stellenwert Informations- und Kommunikationstechnologien im Alltag von Jugendlichen haben. Die schnelle Weiterentwicklung dieser Technologien und der einfache, (relativ) kostengünstige Zugang hat das Mediennutzungsverhalten von Jugendlichen im 21. Jahrhundert maßgeblich verändert, niederschwellig erreichbarer und vielfältiger gemacht.

Der Medienpädagogische Forschungsverbund Südwest (mpfs) untersuchte in den letzten 20 Jahren, in der für Deutschland repräsentativen JIM-Studie (Jugend, Information, Medien), regelmäßig das Mediennutzungsverhalten von Jugendlichen im Alter von 12 bis 19 Jahren. Dabei zeigte sich schon 2020, dass 99 % der Haushalte der befragten Jugendlichen über einen WLAN-Anschluss verfügen und viele Familien mehrere digitale Endgeräte wie z. B. Notebooks, Tablets, Spielkonsolen oder Smartphones besitzen (Medienpädagogischer Forschungsverbund Südwest (mpfs), 2020). In der JIM-Studie des Jahres 2022 mit 1200 Jugendlichen zeigte sich, dass schon fast alle Jugendlichen (96 %) selbst im Besitz eines Handys oder Smartphones sind und ein fast ebenso großer Anteil (84 %) der befragten Jugendlichen im Alltag täglich das Internet nutzt (Medienpädagogischer Forschungsverbund Südwest (mpfs), 2022). Die vielfältigen, über die reine Kommunikation hinausgehenden Funktionen eines Smartphones z. B. als Uhr, Kamera, Kalender, Tool für Apps und Musik und vieles mehr, machen es zu einem omnipräsenten, wichtigen Gegenstand des Jugendalters. Die Internetnutzung steigt zudem mit dem Alter auch noch weiter an (Medienpädagogischer Forschungsverbund Südwest (mpfs), 2022).

Ähnliche Befunde zeigen sich auch in der europaweit durchgeführten repräsentativen Studie von EU Kids Online im Jahr 2019 (Smahel et al., 2020; Hasebrink et al., 2019) für die deutsche Stichprobe an 1044 Kindern und Jugendlichen im Alter von 9 bis 17 Jahren. Insgesamt 32 % der 9- bis 11-Jährigen berichten über ihr Smartphone mehrmals täglich das Internet zu nutzen, bei den 12- bis 14-Jährigen geben das schon 72 % an, bei den 15- bis 17-Jährigen waren es bereits 87 %. Deutschland ist auch eines von 11 Ländern in denen über 80 % der 9- bis 16-Jährigen mindestens einmal täglich das

Smartphone verwenden, um ins Internet zu gehen. Die Online-Zeit von Jugendlichen in Deutschland wurde für einem Wochentag im Schnitt mit 2,4 h dokumentiert. Deutschland gehört damit auch zu jenen Ländern, in denen sich die Online-Zeit seit 2010 nahezu verdoppelt hat.

Im Internet stehen Jugendlichen vielfältige Angebote zur Verfügung, um ihren Wissensdurst zu stillen, zu lesen, Musik zu genießen, Radio- und Podcast-Inhalte zu konsumieren sowie Fernsehunterhaltung über Streaming-Plattformen zu erleben. Darüber hinaus ermöglicht das Internet umfassende soziale Interaktionen, sowohl mit Gleichaltrigen als auch mit Familienangehörigen. Für die Gestaltung spielerischer, sozialer Interaktionen sind Online-Videospiele ein beliebtes Mittel (Medienpädagogischer Forschungsverbund Südwest (mpfs), 2022; Glüer, 2018). Für die persönliche, soziale Kommunikation über digitale Wege kommen Text- und Sprachnachrichten über Messenger-Dienste und Videotelefonie-Anwendungen zum Einsatz und ergänzen die klassischen Textnachrichten („SMS") und Telefonanrufe. Medien ermöglichen es soziale Beziehungen zu pflegen.

▶ **Soziale Medien** Die sogenannten sozialen Medien stehen „für Anwendungen, die einen sozialen Austausch durch eine aktive Mitgestaltung erlauben" (Glüer, 2018, S. 202).

Der JIM-Studie 2022 zufolge nutzen Jugendliche am liebsten den Instant-Messaging-Dienst *WhatsApp* (79 %), das soziale Netzwerk *Instagram* (31 %), das Videoportal *TikTok* (24 %), das Videoportal *YouTube* (23 %) und den Instant-Messaging-Dienst *Snapchat* (19 %). WhatsApp wird dabei besonders häufig verwendet, d. h. 85 % der Befragten nutzen die Anwendung täglich (Medienpädagogischer Forschungsverbund Südwest (mpfs), 2022). Obwohl in den letzten Jahren unterschiedliche Anwendungen im Trend waren und Veränderungen beobachtet werden konnten (z. B. war das soziale Netzwerk *Facebook* im Jahr 2015 bei Jugendlichen noch eher beliebt und von 36 % als beliebteste App benannt, im Jahr 2022 taten das nur mehr 10 % der Jugendlichen; Medienpädagogischer Forschungsverbund Südwest (mpfs), 2015; Medienpädagogischer Forschungsverbund Südwest (mpfs), 2022), wird mit Blick auf die Anwendungen insgesamt eines deutlich: Großer Beliebtheit erfreuen sich jene Anwendungen, die zum Einen Jugendlichen erlauben viele verschiedene Kontakte zu pflegen und zum Anderen, neben Textnachrichten auch andere mediale Formate, wie Fotos und Videos, zu teilen. Des Weiteren ist zu betonen, dass die Nutzungshäufigkeit sozialer Medien zwischen dem 10. und 18. Lebensjahr ansteigt, was zur Folge hat, dass viele Jugendliche bereits in der frühen Adoleszenz eigene Online-Profile besitzen (Glüer & Lohaus, 2016). Obwohl Jugendliche (wie auch Erwachsene) zunehmend um ihre Privatsphäre besorgt sind, tendieren sie dazu, mehr persönliche Informationen im Internet von sich preiszugeben und damit ihre Privatsphäre zu verringern. Dies führt zu einem Widerspruch zwischen ihrer Einstellung zur Privatsphäre und dem tatsächlichen Verhalten (sog. *Privatsphäre-Paradox*, Trepte & Dienlin, 2014).

2.2 Die Rolle sozialer Medien für die Bewältigung von Entwicklungsaufgaben

Betrachtet man, wie motiviert und interessiert Jugendliche ihre sozialen Kontakte auf digitalem Wege pflegen, wie viel Zeit sie darin investieren, sich selbst im Internet optimal zu präsentieren, mit welcher Neugier neue Chat-Nachrichten gelesen werden und, welche Emotionen beobachtbar sind, wenn die Resonanz Anderer auf die eigene digitale Preisgabe von Informationen, Bildern, Ton- oder Videoaufnahmen entsprechend positiv ist, liegt die folgende Frage nahe: Welchen zentralen Stellenwert haben soziale Medien für das Aufwachsen von Jugendlichen heutzutage?

Im Jugendalter treten tiefgreifende Veränderungen auf. Diese betreffen die körperliche Entwicklung, die Schul- bzw. Ausbildungslaufbahn, die sozialen Beziehungen zu Gleichaltrigen und zu Mitgliedern der eigenen Familie. Jugendliche haben die Aufgabe diese Veränderungen zu bewältigen, was nicht selten als herausfordernd oder stressend erlebt wird (Eschenbeck & Knauf, 2018; Petersen et al., 1991; Simmons et al., 1987; Steinberg & Morris, 2001). Es ist davon auszugehen, dass Jugendliche Medien im Allgemeinen und soziale Medien im Besonderen, nutzen, um mit persönlichen, sozialen und bildungsbezogenen Anforderungen zurechtzukommen, die sich in der Entwicklungsphase des Jugendalters anhäufen (Simmons et al., 1987; Steinberg & Morris, 2001). Diese Anforderungen werden auch als sogenannte Entwicklungsaufgaben bezeichnet. Spricht man von der Adoleszenz, der Jugend oder dem Jugendalter wird in der Entwicklungspsychologie der Alterszeitraum zwischen dem 10. und 20. Lebensjahr bezeichnet, also die Zeit zwischen dem Pubertätseintritt (der Zeitpunkt unterliegt dabei starken Variationen) und dem Ende der zweiten Lebensdekade (Weichold & Silbereisen, 2018).

▶ **Entwicklungsaufgaben** „Entwicklungsaufgaben sind an das Lebensalter gebundene Anforderungen, die sich typischerweise jedem Individuum im Laufe seines Lebens stellen. Sie ergeben sich durch das Zusammenspiel biologischer Veränderungen des Organismus, Erwartungen und Anforderungen, die aus dem sozialen Umfeld an das Individuum gestellt werden, sowie Erwartungen und Wertvorstellungen seitens des Individuums selbst" (Eschenbeck & Knauf, 2018, S. 24; zitiert nach Havighurst, 1948).

Sowohl in früheren (Havighurst, 1948) als auch in aktuelleren Systematisierungen von Entwicklungsaufgaben (z. B. Flammer & Alsaker, 2002; Hurrelmann & Quenzel, 2016), wird deutlich, welchen Beitrag soziale Medien in diesem Zusammenhang haben können.

Havighurst (1948) nimmt an, dass Jugendliche beispielsweise während der Entwicklungsphase der Adoleszenz die Anforderungen bewältigen sollen,

- neue und altersentsprechende Beziehungen zu Gleichaltrigen aufzubauen,
- eine männliche oder weibliche Geschlechtsrolle zu übernehmen und den eigenen, sich verändernden Körper anzunehmen,
- sich vom Elternhaus zu lösen und emotional unabhängig zu werden.

Daneben formuliert Havighurst auch weitere Entwicklungsaufgaben, die sich eher auf die Vorbereitung der Berufs- und Partnerwahl sowie auf die Übernahme gesellschaftlicher Werte, sozialer Rechte und Pflichten beziehen.

Hurrelmann und Quenzel (2016) betonen ebenfalls Entwicklungsaufgaben, die den Aufbau sozialer Bindungen betreffen. Dazu rechnen sie die Entwicklung einer Körper- und Geschlechtsidentität, die Ablösung vom familiären System und die Entwicklung von Gleichaltrigenbeziehungen und Partnerschaften. Darüber hinaus werden Entwicklungsaufgaben benannt, die sich auf die Entwicklung intellektueller und sozialer Kompetenzen, die Entwicklung eines persönlichen Werte- und Normensystems sowie auf Kompetenzen im Umgang mit Konsum-, Medien- und Freizeitangeboten beziehen.

Das Zeitfenster, in dem die Entwicklungsaufgaben bewältigt werden sollen, hat sich in den letzten Jahrzehnten ausgedehnt. Nimmt Havighurst (1948) für das Jugendalter eine Zeitspanne von 12 bis 18 Jahren an, gehen neuere Überlegungen davon aus, dass sich aufgrund gesellschaftlicher Veränderungen in der modernen westlichen Gesellschaft das Jugendalter auch noch darüber hinaus erstreckt (*emerging adulthood,* Arnett, 2002).

Aber welche Rolle spielen soziale Medien bei der Bewältigung altersspezifischer Entwicklungsaufgaben? Die Ablösung der Jugendlichen vom Elternhaus kann durch soziale Medien unterstützt werden, indem sie einen exklusiven, privaten Raum eröffnen, in dem die Eltern nicht mehr eigeninitiativ teilhaben können. Der Bewegungsradius, der in der Realität noch begrenzt sein mag, erweitert sich drastisch durch die vielen Möglichkeiten im Internet. Auch der Aufbau und die Pflege neuer und reiferer Beziehungen zu anderen Jugendlichen werden durch soziale Medien erleichtert, zeit- und ortsunabhängig und auch effizienter durch die Möglichkeit, auf einfache Weise einen relativ großen Freundes- und Bekanntenkreis zu „managen".

In der digitalen Kommunikation besteht die Gelegenheit einer zeitverzögerten, das heißt asynchronen Kommunikation. Diese ermöglicht es mit geringerer Hemmschwelle persönliche Inhalte anzusprechen, mit Gedanken – zum Teil auch anonym – zu experimentieren und sich emotionalen Situationen auszusetzen, die in der realen Welt in dieser Form noch nicht umgesetzt werden können (Valkenburg & Peter, 2011).

Auch die Entwicklung einer eigenen Identität kann durch soziale Medien befördert werden. Soziale Medien bieten virtuelle Kontexte für Selbstdarstellung und Selbstoffenbarung. Sie ermöglichen es sich auszuprobieren, sich zu verändern, sich in unterschiedlichen Gruppen auszutauschen und zu informieren (Michikyan & Suárez-Orozco, 2016). Über diese Möglichkeiten bilden digitale Medien strukturell und technisch eine Grundlage für die Bewältigung von alterstypischen Entwicklungsaufgaben.

2.3 Soziale Medien und soziale Beziehungen

> **Beispiel**
>
> Lena (14 Jahre) lebt mit ihrer alleinerziehenden Mutter und ihren zwei jüngeren Brüdern, Lucas (10) und Ben (7) zusammen. Die Beziehung zwischen Lena und ihrer Familie hat sich im Jugendalter merklich verändert. Früher war sie sehr eng mit ihrer Mutter verbunden und half oft bei der Betreuung ihrer Brüder. Sie fühlte sich verantwortlich und unterstützte ihre Mutter in vielen Belangen. Mit dem Eintritt in die Pubertät sehnt sich Lena jedoch nach mehr Unabhängigkeit und Privatsphäre. Dies führt zu Konflikten mit ihrer Mutter, da Lena mehr Zeit mit ihren Freunden verbringen und ihre eigenen Interessen verfolgen möchte. Ihre Mutter kämpft damit, die Balance zwischen Unterstützung und Loslassen zu finden. Lena hat immer noch eine liebevolle Beziehung zu ihren Brüdern, auch wenn sich die Dynamik verändert hat. Sie passt gelegentlich auf sie auf, spielt mit ihnen und hilft ihnen bei den Hausaufgaben. Lena hat in der Schule eine feste Gruppe von Freunden gefunden. In dieser Altersgruppe erlebt sie die typischen Veränderungen des Jugendalters. Gemeinsame Interessen wie Musik, Mode und Filme verbinden sie und ihre Freunde. Die Freundschaften sind für Lena von großer Bedeutung, da sie in ihnen Unterstützung und Verständnis findet. Soziale Medien spielen eine bedeutende Rolle in Lenas sozialem Leben. Sie ist auf verschiedenen Plattformen aktiv, darunter Instagram und Snapchat. Diese ermöglichen es ihr, mit ihren Freunden in Kontakt zu bleiben und an Diskussionen und Trends teilzunehmen. Ihre Mutter ist jedoch besorgt über die Zeit, die Lena online verbringt und führt regelmäßig Gespräche mit ihr über die Verantwortung und Sicherheit im Umgang mit sozialen Medien. Lena trifft auf dem Schulhof regelmäßig einen Jungen aus der Parallelklasse. Sie haben eine besondere Verbindung entwickelt, sagen, dass sie „zusammen sind" und erleben beide ihre erste romantische Beziehung. Ihre Mutter weiß davon noch nichts. In der Beziehung zu dem Jungen erlebt Lena viel emotionalen Austausch und Bestärkung. Da die beiden sich noch nicht bei dem jeweils anderen zu Hause treffen, tauschen sie sich viel über Chatnachrichten aus und senden sich Fotos. ◄

Das Jugendalter ist eine entscheidende Phase in der Entwicklung von jungen Menschen, die mit zahlreichen Veränderungen in den sozialen Beziehungen einhergehen. Das Beispiel von Lena spricht die wohl entscheidendste Veränderung an, die Jugendliche in westlichen Familien durchlaufen[1]. Diese betrifft die soziale Beziehung zur Herkunfts-

---

[1] Das Phänomen, dass sich Jugendliche aufgrund von stärker werdenden Autonomiebestrebungen von ihrer Herkunftsfamilie ablösen und weniger Zeit mit ihr verbringen ist nicht überall auf der Welt zu finden. Beispielsweise zeigt sich dieses Phänomen nicht bei Kulturen, die von kollektivistischen Werten geprägt sind und die familiäre Verbundenheit und gegenseitige Verantwortung besonders betonen (Larson et al., 2001).

familie. Herkunftsfamilien umfassen an dieser Stelle die Vielzahl der „intimen Beziehungssysteme" (Schneewind & Berkic, 2010) in denen Jugendliche leben können. Das statistische Bundesamt verdeutlicht die Vielfalt der Lebensformen, in der Menschen zusammenleben anhand von aktuellen Daten zu sozialen Beziehungen zwischen den Mitgliedern eines Haushalts. Zu den Lebensformen und damit auch zum Konzept einer „Familie" gehören Formen, wie die traditionelle Kernfamilie mit einem Vater und einer Mutter, die miteinander verheiratet sind oder gleichgeschlechtliche Ehen mit Kindern, Familien mit einem alleinerziehenden Elternteil, „Patchwork"-Familien mit Stiefkindern oder gemischt- oder gleichgeschlechtliche Lebensgemeinschaften mit Kindern (Statistisches Bundesamt, 2021). In diesen intimen Beziehungssystemen beginnen Jugendliche zunehmend nach Autonomie zu streben. Das heißt, sie beginnen sich emotional von ihren Eltern zu lösen, suchen Entscheidungsfreiräume und eigene Wege zu handeln, auch ohne die Bestätigung der zentralen Bezugspersonen aus der Herkunftsfamilie. Im Jugendalter zeigen sich zwar entwicklungstypische Konflikte, allerdings ist der Übergang vom Grundschulalter ins Jugendalter vielmehr eine Phase der familiären Neuordnung mit vorübergehenden milderen Konflikten als eine Phase des permanenten Streits (Collins & Steinberg, 2007; Smetana et al., 2006). Jugendliche „entidealisieren" ihre Eltern allmählich und erkennen, dass ihre Eltern neben der Elternrolle auch andere Rollen und Funktionen haben (Sessa & Steinberg, 1991). Gleichzeitig verändert sich auch die Kommunikation in der Form, dass Jugendliche – verglichen mit dem Grundschulalter – weniger von ihren Erlebnissen, Gefühlen und Gedanken mit ihren Eltern teilen. Die Gleichaltrigengruppe gewinnt gleichsam mehr an Bedeutung, bietet das emotionale Fallnetz und das relevantere, zuhörende Gegenüber (Berk, 2019). Räume im realen und im digitalen in denen sich Jugendliche eigenständig bewegen und bestimmen können, ob und wie sie ihre Eltern einbeziehen, werden größer. Der Handlungsradius der Jugendlichen wächst, was manchmal auch die Gefahr birgt, dass Jugendliche riskante Entscheidungen treffen, die von ihren Eltern weder bemerkt noch befürwortet werden.

> „Als ich vierzehn war, war mein Vater so unwissend. Ich konnte den alten Mann kaum in meiner Nähe ertragen. Aber mit einundzwanzig war ich verblüfft, wieviel er in sieben Jahren dazu gelernt hatte" (Mark Twain et al., 2012).

Dieses Zitat drückt auf humorvolle Weise aus, wie sich die Wahrnehmung der eigenen Eltern im Laufe des Lebens eines Kindes ändern kann. Es beschreibt aber auch eine Entwicklungsphase, in der Jugendliche beginnen ihre Eltern kritischer zu sehen, ihnen nicht zugestehen die gerade erlebten Empfindungen und Lebenswelten verstehen zu können und sich schrittweise ablösen. Das Jugendalter ist eine Zeit, in der Konflikte zwischen Eltern und Kindern häufiger werden können (Collins & Steinberg, 2007; Smetana et al., 2006). In diesen Beziehungen spielen soziale Medien auch eine wichtige Rolle. In der Familie sind soziale Medien z. B. im Fokus, wenn Eltern mit ihren Kindern über Regeln sprechen, die deren Dauer und den Nutzungsumfang begrenzen. Sie sind auch dann Teil des familiären Beziehungssystems, wenn Familienmitglieder die Kommunikation untereinander gestalten, wie einfache Absprachen zur Organisation von Treffpunkten, die Zusendung von Fotos, um einen anschaulichen Einblick in gerade Erlebtes zu geben, das Geburtstagsliedvideo für die Mutter, die gerade unterwegs ist oder den Austausch von Mitschnitten einer Aufführung für Familienmitglieder, die nicht anwesend sein können. Mit Neugier und Sorgen betrachten manche Familie auch die große Menge an Chat-Nachrichten, die Jugendliche täglich erhalten und fragen sich, was ihr eigenes Kind an Informationen preisgibt. Andere Familien wiederum versuchen Einblicke in die technisch vielfältigen und innovativen Anwendungen zu erhalten, in denen sich ihr Kind gerade bewegt.

Neben dem familiären System bekommen soziale Beziehungen zu anderen Gleichaltrigen einen immer höheren Stellenwert und damit gewinnen auch wieder soziale Medien an Einfluss. Die Zeiten mit Freunden intensivieren sich. Bestimmte, freundschaftlich fester verbundene Peer-Gruppen (sog. *Cliquen*) bilden sich heraus und helfen dabei, dass Jugendliche auch eine soziale Identität entwickeln. Im sozialen Miteinander lernen sie reifere Beziehungen aufzubauen und zu erhalten. Sie entwickeln soziale Kompetenzen und Konfliktlösefähigkeiten und lernen verschiedene Beziehungsformen kennen, von der losen Bekanntschaft auf dem Schulhof bis hin zur ersten romantischen Beziehung (für einen Überblick siehe Berk, 2019; Vierhaus & Wendt, 2018).

Mit Blick auf wissenschaftliche Studien zeigt sich der Mehrwert, den soziale Medien für Freundschaften zwischen Jugendlichen haben können (Subrahmanyam & Greenfield, 2008). Valkenburg und Peter (2009) untersuchten in ihrer Studie an 812 Jugendlichen im Alter von 10 bis 17 Jahren, inwieweit die Nutzung von Instant-Messaging-Diensten langfristig die Qualität ihrer Freundschaften fördert. Die Autoren konnten zeigen, dass der digitale Austausch, z. B. über Chats die Freundschaftsqualität erhöht und dazu beiträgt, dass Freundschaften aufrecht erhalten bleiben. Darüber hinaus befördert der digitale Austausch auch, dass sich Jugendliche emotional öffnen und persönliche Informationen mit ihren Freunden/Freundinnen teilen. Auch andere Studien dokumentieren, dass die gemeinsame Nutzung sozialer Netzwerke die freundschaftliche Verbundenheit langfristig unterstützt (Rousseau et al., 2019) und die Anzahl von sogenannten „Likes" auf Social-Media-Plattformen wie Instagram sozial und emotional bestätigt und damit bedeutsam für Jugendliche ist (Sánchez-Hernández et al., 2021). Diese niederschwellige Methode über „Likes" anzudeuten, dass man jemand anderen gut findet, zeigt sich auch als hilfreicher Zugang für Jugendliche, um Kontakte für eine romantische Beziehung anzubahnen (Lenhart et al., 2015). Da das Jugendalter für viele Jugendliche auch damit einhergeht, dass sich die ersten romantischen Beziehungen anbahnen, kann auch hier die Rolle sozialer Medien als maßgeblich betrachtet werden. Wissenschaftliche Befunde verdeutlichen auch, dass soziale Medien die Gestaltung von intimen romantischen Beziehungen in Hinblick auf die Erkundung der eigenen Sexualität unterstützen (Naezer & Ringrose, 2019; Subrahmanyam et al., 2004; Suzuki & Calzo, 2004).

Zusammenfassend ist zu sagen, dass soziale Medien in den Beziehungen zwischen Jugendlichen die Präsenz-Kommunikation untereinander ergänzen, diese intensivieren und – bei Bedarf – einen ständigen Austausch möglich machen, auch über größere Distanzen. Soziale Medien sind auch zu einem Experimentierfeld für die digitale Selbstdarstellung, für die Identitätsentwicklung und die Exploration unterschiedlicher Lebensweisen geworden.

2.4 Sexting: Austausch freizügiger Fotos

2.4.1 Definition

> **Beispiel**
>
> Marle (15 Jahre) und Tamo (16 Jahre) sind seit einem halben Jahr zusammen. Kennengelernt haben sie sich auf der Geburtstagsfeier eines gemeinsamen Freundes. Sie haben sich auf Anhieb gut verstanden und tauschten ihre Handynummern aus. Bei ihren Verabredungen stellen sie schnell fest, dass sie gemeinsame Interessen haben und über persönliche Dinge sprechen können. Nach etwa einem Monat beschließen sie gemeinsam, ein Paar zu werden. In dieser Zeit beginnen Marle und Tamo auch, soziale Medien intensiver zu nutzen. Sie entdecken, dass es spannend sein kann, sich digital auszutauschen und ihre Gefühle füreinander zu erkunden. Ab und zu schicken sie sich Fotos in Unterwäsche, um die Vorfreude auf das nächste Treffen zu steigern. Sie behalten die Fotos für sich und schauen sie sich ab und zu an, wenn sie allein sind. ◄

Marle und Tamo nehmen mit ihren Smartphones Fotos von sich auf, auf denen sie leicht bekleidet sind, und schicken sie sich gegenseitig über einen Instant-Messaging-Dienst. Diese Art der Kommunikation wird als Sexting bezeichnet.

▶ **Sexting** Bei dem aus dem Englischen stammenden Begriff „Sexting" handelt es sich um ein zusammengesetztes Wort aus den Wörtern „sex" und „texting". Im Allgemeinen versteht man unter Sexting den Austausch von selbst produzierten freizügigen Fotos über das Internet, beispielsweise über das Smartphone (Döring, 2012; Klicksafe, o. D.). Manchmal schließt die Definition auch das Senden und Empfangen von Videos oder Textnachrichten mit sexuellem Inhalt ein (Mitchell et al., 2012).

Die Definition von Sexting beinhaltet zwei Komponenten: Die Texting-Komponente bezieht sich auf das kostenlose und unkomplizierte Versenden und Empfangen von Inhalten über das Smartphone. Die Sex-Komponente beschreibt den Inhalt der versendeten Fotos und Textnachrichten. Dazu gehören Fotos in Badehose, Bikini oder Unterwäsche, Oben-ohne-Fotos sowie Nacktfotos von einzelnen Körperteilen oder des ganzen Körpers (Döring, 2012). Solche Fotos werden auch als *Nudes*, *Pics* oder *Sexts* bezeichnet. Das Versenden von heruntergeladenen pornografischen Bildern wird nicht als Sexting bezeichnet (Döring, 2014). An Sexting kann man auf verschiedene Weise beteiligt sein: Eine Person kann ein freizügiges Foto von sich selbst versenden (Sender:in), ein Foto von jemand anderem empfangen (Empfänger:in) und es gegebenenfalls an andere Personen weiterleiten (Weiterleiter:in) (Döring, 2012).

2.4.2 Auftretenshäufigkeit und Geschlechterunterschiede

> Internationalen Meta-Analysen zufolge versenden zwischen 14 % und 19,3 % der Jugendlichen selbst produzierte freizügige Fotos, Videos oder Nachrichten mit sexuellem Inhalt. Im Durchschnitt erhalten zwischen 27,4 % und 34,8 % freizügige Fotos, Videos oder Nachrichten und zwischen 7 % und 14,5 % leiten diese weiter (Madigan et al., 2018; Molla-Esparza et al., 2020; Mori et al., 2022).

Der Anteil der Jugendlichen, die Sexting betreiben, wurde in verschiedenen wissenschaftlichen Studien untersucht, wobei die Ergebnisse der einzelnen Studien variieren (Molla-Esparza et al., 2020). Die gefundenen Unterschiede in der sogenannten Auftretenshäufigkeit sind darauf zurückzuführen, dass sich die Studien darin unterscheiden, was sie unter Sexting verstehen (z. B. ob reine Textnachrichten als Sexting gelten), welche Stichprobe sie untersuchen (z. B. Altersgruppe, soziokultureller Kontext) und welche Messinstrumente sie verwenden (z. B. Art des Fragebogens, Döring, 2014).

Drei aktuelle Meta-Analysen fassen verschiedene Studien zusammen, die die Auftretenshäufigkeiten von Sexting untersuchten. Molla-Esparza et al. (2020) dokumentierten 79 Studien mit Jugendlichen unter 18 Jahren aus Nordamerika, Europa, Südamerika und Asien. Die untersuchten Studien definierten Sexting als das Versenden oder Empfangen von freizügigen Fotos, Videos oder Nachrichten mit sexuellem Inhalt. Die Auftretenshäufigkeit bei Jugendlichen betrug im Durchschnitt 14 % für das Versenden, 31 % für das Empfangen und 7 % für das Weiterleiten solcher Inhalte.

Vergleichbare Prävalenzraten in Bezug auf das Versenden und Empfangen freizügiger Fotoaufnahmen fanden auch Madigan et al. (2018) in ihrer Meta-Analyse zu 39 Studien aus Nordamerika, Europa, Südafrika, Südkorea und Australien. Im Durchschnitt gaben in diesen Studien 14,8 % der Jugendlichen an, schon einmal ein freizügiges Foto, Video oder eine freizügige Nachricht verschickt zu haben. Beim Empfangen waren es 27,4 %. Beim Weiterleiten ohne Einverständnis des/der Senders/Senderin berichteten Madigan et al. (2018) mit 12 % der Jugendlichen etwas höhere Prävalenzraten. In dieser Meta-Analyse wurden Studien mit Jugendlichen zwischen 11,9 und 17 Jahren berücksichtigt. Die Wissenschaftler:innen schlossen Studien ein, die Sexting als das Versenden oder Empfangen von freizügigen Fotos, Videos oder Nachrichten mit sexuellem Inhalt definierten.

Die höchsten Prävalenzraten berichtete die Meta-Analyse von Mori et al. (2022). Diese umfasste 28 Studien mit Jugendlichen und jungen Erwachsenen im Alter von 11 bis 21 Jahren aus Nordamerika, Australien, Neuseeland, dem Nahen Osten, Südamerika und Afrika. Die Autorengruppe wählte Studien aus, die Sexting als den digitalen Austausch von Nachrichten definierten, die aus sexuell anzüglichen oder eindeutigen Worten, Fotos oder Videos bestehen. Die Auftretenshäufigkeit des Versendens solcher Nachrichten lag bei 19,3 %, des Empfangens bei 27,4 % und des Weiterleitens ohne Einverständnis des/der Senders/Senderin bei 14,5 %.

Vergleicht man die in den drei beschriebenen Meta-Analysen gefundenen Auftretenshäufigkeiten, so fällt, trotz geringfügiger Unterschiede, eine Ähnlichkeit der Werte auf. Es wird deutlich, dass es sich bei Sexting um ein zeitlich stabiles Phänomen handelt, mit dem ein beträchtlicher Anteil der Jugendlichen in vielen Ländern Erfahrungen macht.

Zur Auftretenshäufigkeit im deutschsprachigen Raum liegen bisher nur wenige Befunde vor. In einer Studie aus dem Jahr 2017 gaben 27,6 % der befragten Jugendlichen (14 bis 17 Jahre) an, schon ein oder mehrmals ein freizügiges Foto von sich verschickt zu haben. Der Anteil derer, die schon ein oder mehrmals ein freizügiges Foto erhalten haben, lag bei 54,7 %. Des Weiteren berichteten 23 % der Empfänger:innen von freizügigen Fotos, diese schon mindestens einmal weitergeleitet zu haben. Der Anteil der Weiterleiter:innen unter allen Befragten betrug 12,6 % (Vogelsang, 2017).

Unabhängig vom soziokulturellen Kontext steigt die Auftretenshäufigkeit von Sexting mit dem Alter der Jugendlichen (z. B. Patchin & Hinduja, 2019; Molla-Esparza et al., 2020; Ybarra & Mitchell, 2014). Gründe dafür können die fortschreitende Sexualitätsentwicklung und der leichtere Zugang zu digitalen Medien sein. Mit zunehmendem Alter entwickeln Jugendliche ein stärkeres Interesse an romantischen Beziehungen und sexueller Aktivität. Sie beginnen, ihre Sexualität zu erkunden und werden sexuell aktiver. Jugendliche haben außerdem in der Regel mehr Zugang zu Smartphones und sozialen Medien, wenn sie älter werden. Die Verfügbarkeit dieser Technologien erleichtert den Austausch von Fotos und Nachrichten (Madigan et al., 2018).

Die Frage, ob sich weibliche und männliche Jugendliche hinsichtlich ihres Sextingverhaltens unterscheiden, lässt sich nicht eindeutig beantworten. Molla-Esparza et al. (2020) und Madigan et al. (2018) fanden in Bezug auf die Häufigkeit des Sendens und Empfangens von freizügigen Fotos, Videos oder Nachrichten mit sexuellem Inhalt keine Unterschiede zwischen Mädchen und Jungen. Mori et al. (2022) hingegen zeigten, dass Mädchen häufiger solche Inhalte empfangen als Jungen.

Die vorangegangene Darstellung der Daten zur Beteiligung von Jugendlichen an Sexting zeigt, dass Sexting für Jugendliche ein relevantes Thema ist. Aufgrund der stetig wachsenden medialen Möglichkeiten ist davon auszugehen, dass die Beteiligung an Sexting im Jugendalter auch in Zukunft hoch bleiben wird.

2.4.3 Motive für Sexting

Um das Phänomen Sexting zu verstehen, ist es wichtig, neben der Auftretenshäufigkeit auch die Motive für Sexting zu betrachten, also die Gründe, warum und wofür Jugendliche Sexting nutzen. Grundsätzlich findet Sexting innerhalb verschiedener sozialer Beziehungen statt (Döring, 2012). Je nach Art der Beziehung gibt es unterschiedliche Motive für das Sextingverhalten. Freizügige Fotos werden innerhalb bestehender Partnerschaften (Beckmeyer et al., 2019; Mitchell et al., 2012; Vogelsang, 2017), bei der Anbahnung einer festen Beziehung, bei unverbindlichen Flirts, sowie im Freundeskreis ausgetauscht (Cooper et al., 2016; Döring, 2012).

In einer bestehenden Partnerschaft kann das Teilen eines freizügigen Fotos ein Ausdruck von Zuneigung, Vertrauen oder eine Bestätigung der Beziehung sein. Es kann helfen, eine intime Verbindung zwischen den Partnern/Partnerinnen zu schaffen oder die Aufmerksamkeit des Partners/der Partnerin zu gewinnen (Döring, 2012; Gil-Llario et al., 2020; Kopecký, 2015). Es ist eine einfachere Möglichkeit, Gefühle und Sexualität auszudrücken, als der anderen Person von Angesicht zu Angesicht gegenüberzustehen (Le et al., 2014). Wenn der Wunsch besteht, ein freizügiges Foto des/der Partners/Partnerin zu erhalten, kann es eine Möglichkeit sein, zunächst ein Foto von sich selbst zu senden, um die Wahrscheinlichkeit zu erhöhen, im Gegenzug auch ein Foto zu erhalten (Lippman & Campbell, 2014; Walker et al., 2013). Insbesondere bei Fernbeziehungen wird Sexting als Kommunikation genutzt, um Nähe zwischen den Partnern/Partnerinnen herzustellen (Vogelsang, 2017).

Manchmal werden freizügige Fotos ausgetauscht, um eine neue Beziehung zu beginnen. Das Versenden freizügiger Fotos dient dann dazu, das Interesse des Gegenübers zu steigern oder eine Entscheidungsgrundlage über den Beginn einer möglichen Beziehung zu bilden (Hollà, 2020; van Ouytsel et al., 2014). Jugendliche versenden freizügige Aufnahmen bei unverbindlichen Flirts, um mit der eigenen Sexualität zu experimentieren (Dir et al., 2013). Darüber hinaus kann der Austausch von freizügigen Fotos im Freundeskreis stattfinden, um Bestätigung und Anerkennung von Gleichaltrigen zu erlangen (Döring, 2012).

In allen genannten sozialen Beziehungen sind weitere Motive denkbar, die dem Sextingverhalten zugrunde liegen können. Hierzu zählen der Wunsch zu flirten (Bianchi et al., 2021; Drouin et al., 2013; Hollà, 2020) sowie das Bestreben nach sexueller Erfüllung und Vergnügen (Hasinoff, 2012). Das Versenden eines freizügigen Fotos kann auch dazu dienen, positives Feedback über den eigenen Körper zu erhalten (Bianchi et al., 2021). In einigen Fällen entscheiden sich Jugendliche auch aus Langeweile oder aus einem Unterhaltungsbedürfnis heraus, freizügige Fotos zu versenden (Gil-Llario et al., 2020; Hollà, 2020).

Neben einer freiwilligen, einvernehmlichen Beteiligung an Sexting, findet Sexting auch *nicht* einvernehmlich statt, sondern in einem Zwangskontext (sog. *coercive Sexting*) in dem eine Person unter Druck gesetzt wird, ein freizügiges Foto zu versenden. Druck kann entstehen, wenn eine Person von ihrem/ihrer Partner:in oder ihrem Freundeskreis dazu gedrängt wird, ein freizügiges Foto zu senden oder immer wieder danach gefragt wird, bis sie nachgibt. Außerdem kann es passieren, dass jemand ungewollt ein freizügiges Foto erhält, z. B. über eine Dating-App (Klettke et al., 2019; Reed et al., 2020; van Ouytsel et al., 2019a).

2.4.4 Risiken und Folgen von Sexting

Um Jugendliche bei der Aufklärung über Sexting effektiv begleiten zu können, ist es notwendig, die Risiken zu kennen, die durch Sexting entstehen können. Die Risiken und Folgen müssen dabei differenziert betrachtet werden. Del Rey et al. (2019) haben den Einfluss von einvernehmlichem Sexting auf das emotionale Empfinden von Jugendlichen untersucht. Die Ergebnisse der Studie zeigen, dass die bloße Teilnahme an Sexting zumindest kurzfristig keine negativen emotionalen Folgen für die Beteiligten hat. Die Beteiligung an Sexting scheint stattdessen bei Jugendlichen Emotionen auszulösen, die mit Aktivierung verbunden sind. In dem Moment, in dem freizügige Fotos verschickt und empfangen werden, fühlen sich die Jugendlichen energiegeladen und zufrieden.

Klettke et al. (2019) untersuchten die Auswirkungen von Sexting auf die psychische Gesundheit von Jugendlichen und jungen Erwachsenen. Insgesamt fanden sie keinen Zusammenhang zwischen dem Versenden und Empfangen freizügiger Fotos und der psychischen Gesundheit. Hingegen war der Erhalt unerwünschter freizügiger Fotos oder Sexting unter Zwang (coercive Sexting) mit höheren Angst-, Depressions- und Stresssymptomen sowie einem geringeren Selbstwertgefühl verbunden. Einer Meta-Analyse zufolge ist das Versenden freizügiger Fotos insbesondere bei jüngeren Jugendlichen mit einem erhöhten Risiko für riskantes Sexualverhalten (z. B. ungeschützter Sex) sowie für psychische Probleme oder Auffälligkeiten (z. B. Depressivität, Delinquenz, Substanzkonsum) verbunden (Mori et al. 2019).

Wird ein freizügiges Foto gegen den Willen der abgebildeten Person verbreitet, kann dies erhebliche negative psychische und soziale Folgen haben (Döring, 2012). Das Bekanntwerden des Fotos kann die schulische und berufliche Laufbahn negativ beeinflussen (Dekker et al., 2021; Katzman, 2010; Kopecký, 2015). Insbesondere im Schulkontext kann die ungewollte Verbreitung zu (Cyber-)Mobbing durch die Mitschüler:innen führen (Dekker et al., 2021; van Ouytsel et al., 2019a). Eine Meta-Analyse von Schoeler et al. (2018) deutet darauf hin, dass Mobbing wiederum das Risiko für psychische Auffälligkeiten wie Depressionen, Ängste und Suizidalität erhöhen und negative Verhaltensweisen wie Drogenkonsum begünstigen kann.

Das Mobbing im Kontext der Weiterleitung eines freizügigen Fotos wird häufig dadurch gerechtfertigt, dass dem/der Sender:in des freizügigen Fotos die Schuld gegeben wird, indem der/die Sender:in selbst für die Verbreitung solcher Fotos verantwortlich gemacht wird (sog. *Victim Blaming*). Dabei wird angenommen, dass der/die Sender:in sich bewusst war, dass das Foto weitergeleitet werden könnte, und dieses Risiko wissentlich in Kauf genommen hat (Naezer & van Oosterhout, 2021; Ringrose et al., 2012; Vogelsang, 2017). Die Schuldzuweisung passiert besonders in Fällen, in denen die Senderin weiblich ist (Behrendt et al., 2023). Die weiterleitenden Personen, die objektiv betrachtet die Schuld tragen, werden weniger häufig verantwortlich gemacht. Dies kann zu einer problematischen Dynamik führen, da dem/der Sender:in die Schuld zugewiesen wird, obwohl er/sie der/die Leidtragende ist und Schutz und Unterstützung benötigt (Behrendt et al., 2023).

Neben den negativen sozialen Folgen kann die ungewollte Verbreitung freizügiger Fotos strafrechtliche Konsequenzen für die Beteiligten haben. Das Verbreiten von freizügigen Fotos einer anderen Person kann strafbar sein und mit einer Freiheitsstrafe von bis zu zwei Jahren oder einer Geldstrafe geahndet werden (§ 201a StGB). Wenn die abgebildete Person zwischen 14 und 18 Jahren alt ist, handelt es sich sogar um jugendpornografisches Material. Das Verbreiten solcher Fotos kann, abhängig vom Alter des/der Täters/Täterin, mit einer Freiheitsstrafe von bis zu drei Jahren oder einer Geldstrafe belegt werden (§ 184c StGB). Bei freizügigen Fotos, auf denen ein Kind unter 14 Jahren abgebildet ist, handelt es sich um kinderpornografisches Material. Der Besitz solcher Fotos ist strafbar und kann mit einer Freiheitsstrafe von bis zu zehn Jahren geahndet werden (§ 184b StGB).

▶ Der Besitz von kinder- und jugendpornografischem Material ist für Erwachsene strafbar. Darunter können auch freizügige Fotos von Schülern/Schülerinnen fallen. Als Fachkraft sollten Sie daher niemals freizügige Fotos von Kindern oder Jugendlichen auf Ihr privates oder dienstliches Handy versenden oder weiterleiten, auch nicht zur Beweissicherung. Sie könnten sich damit strafbar machen. Sollten Sie kinder- oder jugendpornografisches Material finden, ist es wichtig, die Polizei zu informieren, um das weitere Vorgehen abzustimmen.

Ob negative Konsequenzen nach der Beteiligung an Sexting auftreten, hängt von vielen Kontextfaktoren ab, wie z. B. der Einvernehmlichkeit und dem Alter der Beteiligten. Dies verdeutlicht die Wichtigkeit einer gezielten Prävention im Rahmen der Medienerziehung, die Sexting als normatives Verhalten von Jugendlichen anerkennt und gleichzeitig für mögliche Risiken und negative Folgen sensibilisiert.

2.5 Sexting und Prävention

2.5.1 Digitale Bildung in Schulen

In einer zunehmend digitalisierten Welt kommt dem Jugendmedienschutz eine besondere Bedeutung zu. Dabei geht es darum, Medieninhalte hinsichtlich ihres Gefährdungspotenzials zu bewerten und den Zugang von Kindern und Jugendlichen zu bestimmten Inhalten entsprechend zu steuern. Das Jugendmedienschutzgesetz (JuSchG) bildet dafür die rechtliche Grundlage. Kinder und Jugendliche sollen in ihrer Entwicklung gestärkt, aber auch geschützt werden. Um sie im Umgang mit Medien zu fördern, ist eine bewusste Entwicklung von Medienkompetenz und Prävention notwendig (Kommission für Jugendmedienschutz, o. D.). Digitale Bildung geht über den bloßen Einsatz von Technik im Unterricht hinaus. Sie beinhaltet auch die Förderung von kritischem Denken,

2.5 Sexting und Prävention

kreativer Problemlösung und sozialer Kompetenz im digitalen Kontext. Es geht darum, Schüler:innen auf eine zunehmend digitalisierte Welt vorzubereiten und sie zu befähigen, aktive und verantwortungsbewusste Teilnehmer:innen dieser digitalen Gesellschaft zu sein.

In Deutschland hat sich die Kultusministerkonferenz der Länder 2016 auf eine gemeinsame Strategie verständigt, um Handlungskonzepte zur digitalen Bildung in den Ländern zu entwickeln (Kultusministerkonferenz, 2016). Die formulierten Ziele sind in den Schulvorschriften der Länder verankert (z. B. für NRW: BASS, 16–13 Nr. 4, „Unterstützung für das Lernen mit Medien" (Ministerium für Schule, Wissenschaft und Forschung, 2001)).

Die bundesweite Strategie „Bildung in der digitalen Welt – Strategie der Kultusministerkonferenz" (2016) umfasst sechs Kompetenzbereiche, die Schulen bei der Planung digitaler Bildung berücksichtigen sollen: Der erste Bereich ist das „Suchen, Verarbeiten und Aufbewahren" von Informationen, gefolgt von „Kommunizieren und Kooperieren". Darüber hinaus sollen Kompetenzen im „Produzieren und Präsentieren" von Medieninhalten sowie im „Schützen und sicheren Agieren" in der digitalen Welt erlernt werden. Außerdem sollen Fertigkeiten im „Problemlösen und Handeln" sowie im „Analysieren und Reflektieren" im medialen Kontext erworben werden.

Sexting findet im Rahmen der digitalen Kommunikation statt. Deshalb ist es wichtig, dies bei der Entwicklung der Medienkompetenz von Kindern und Jugendlichen zu berücksichtigen und sie in einem verantwortungsvollen Umgang damit zu schulen. Die Prävention des Missbrauchs von freizügigen Fotos vertieft einen wesentlichen Teil der in der Strategie definierten Kompetenzen. In der folgenden Übersicht werden die Kompetenzbereiche näher erläutert und dargestellt, wie diese im Rahmen von Sexting-Prävention gefördert werden können.

Übersicht

„Kommunizieren und Kooperieren"
Lernziel: Die Schüler:innen lernen verschiedene digitale Kommunikationsmöglichkeiten kennen und lernen, diese situationsgerecht einzusetzen. Sie lernen gemeinsame Umgangs- und Verhaltensregeln für die digitale Interaktion kennen und anwenden.
Sexting-Prävention: Jugendliche, die sich unter Sexting noch nichts vorstellen können, können diese Kommunikationsform kennenlernen und erfahren, warum und wofür Jugendliche und Erwachsene Sexting nutzen. Darüber hinaus können klare Verhaltensregeln für diese Kommunikationsform erarbeitet werden.

„Produzieren und Präsentieren"
Lernziel: Die Schüler:innen lernen, rechtliche Vorgaben wie Urheberrechte und Persönlichkeitsrechte zu beachten.

> **Sexting-Prävention:** Das Wissen um Bildrechte ist Voraussetzung für eine verantwortungsvolle Beteiligung an Sexting. Präventionsarbeit zum Thema Sexting kann Schulen die Chance bieten, Schülern/Schülerinnen Wissen über Bildrechte zu vermitteln und sie zu einem reflektierten Umgang mit Bildmaterial anzuleiten.
>
> **„Schützen und sicheres Agieren"**
> **Lernziel:** Die Schüler:innen erfahren, welche Risiken und Gefahren es in der digitalen Welt gibt und wie sie sich davor schützen können. Außerdem lernen sie, wie man seine Privatsphäre schützt und wie man sich bei Datenmissbrauch verhält.
> **Sexting-Prävention:** Wenn sich Jugendliche dazu entschließen, freizügige Fotos auszutauschen, ist es wichtig, dass sie wissen, welche Risiken damit verbunden sind, wie sie sich vor der ungewollten Verbreitung von freizügigen Fotos schützen können und wie sie reagieren sollen, wenn diese Fotos im Umlauf sind. In der Präventionsarbeit können diese Themen aufgegriffen werden, damit Jugendliche Sexting möglichst risikoarm gestalten können und Handlungsmöglichkeiten bei Missbrauch von freizügigen Fotos kennen.

2.5.2 Implikationen für schulische Prävention

Sexting hat in den letzten Jahren zunehmend Berücksichtigung in der Forschung gefunden. Mittlerweile liegen zahlreiche Befunde z. B. zu Auftretenshäufigkeiten, zur Stabilität des Verhaltens über die Altersspanne, zu Motiven, Risiko- und Schutzfaktoren vor (Livingstone & Smith, 2014; Madigan et al., 2018; Molla-Esparza et al., 2020; Mori et al., 2022). Mit dem Vorliegen dieses Wissens sind die Voraussetzungen für die Entwicklung evidenzbasierter Präventionsmaßnahmen gegeben. Bislang mangelt es jedoch sowohl im deutschsprachigen als auch im englischsprachigen Raum an wissenschaftlich fundierten und evaluierten Präventionsstrategien (Ojeda & Del Rey, 2022).

▶ **Psychologische Prävention** Unter psychologischer Prävention wird „der theoretisch und empirisch begründete Versuch, mit psychologischen Mitteln Handlungskompetenzen zu stärken, Risiken in der menschlichen Entwicklung abzuschwächen oder sich bereits anbahnende Negativentwicklungen zu stoppen", verstanden (Beelmann, 2010, S. 275).

Prävention kann in universelle und gezielte Prävention unterteilt werden, wobei die Einteilung anhand der Merkmale der Zielgruppe erfolgt. Universelle Prävention setzt bei Zielgruppen ohne Auffälligkeiten oder erhöhtes Risiko an, bevor ein spezifisches Problem auftritt. Gezielte Präventionsmaßnahmen setzen dagegen an, wenn bereits Risikofaktoren erkennbar sind (selektive Prävention) oder wenn geringe Ausprägungen des Problems beobachtet werden (indizierte Prävention) (Beelmann, 2010; Muñoz et al., 1996).

2.5 Sexting und Prävention

Bei der Prävention von Sexting werden im Allgemeinen zwei Ansätze unterschieden: der Normalitäts-Ansatz und der Devianz-Ansatz. Der Devianz-Ansatz betrachtet Sexting grundsätzlich als deviantes, sexuelles Verhalten, das mit vielen Risiken verbunden ist (Döring, 2014). Ziel der Prävention nach diesem Ansatz ist es daher, Sexting zu verhindern (Rice et al., 2012). Dies soll durch eine starke Betonung der negativen Folgen, insbesondere der ungewollten Verbreitung eines freizügigen Fotos, erreicht werden. Sexting wird als „Einstiegsdroge" für weiteres riskantes Sexualverhalten gesehen und mit sexualisierter Gewalt in Verbindung gebracht. Als Motive dafür, warum Jugendliche sich an Sexting beteiligen, werden zum Beispiel Leichtsinn und Gruppendruck genannt (Döring, 2014). Der Devianz-Ansatz scheint jedoch zu kurz zu greifen. Die Jugendlichen sind sich der möglichen negativen Folgen von Sexting durchaus bewusst. Das Wissen um die Konsequenzen wird jedoch in der Situation, in der ein freizügiges Foto verschickt wird, aus verschiedenen Gründen nicht immer berücksichtigt. Beispielsweise überlagert das vorhandene Vertrauen das Nachdenken über mögliche Folgen. Daher ist es wichtig, nicht nur über die Folgen zu informieren, sondern die Jugendlichen selbst über mögliche Konsequenzen in verschiedenen Kontexten reflektieren und diskutieren zu lassen (Walsh, 2019).

Der Normalitäts-Ansatz berücksichtigt die Komplexität von Sexting und die Herausforderungen des Jugendalters. Er betrachtet Sexting als eine normale und zeitgemäße Form des sexuellen Ausdrucks und der intimen Kommunikation, die nicht zwangsläufig problematisch sein muss (Döring, 2012). Ziel der Prävention ist ein verantwortungsvoller Umgang mit freizügigen Fotos und die Vermeidung von Missbrauch. Missbräuchliche Handlungen sind zum Beispiel nicht einvernehmliches Sexting (coercive sexting) oder das ungewollte Weiterleiten eines Fotos. Eine kritische Auseinandersetzung mit dem Thema ist entscheidend, damit die Schüler:innen am Ende eines Präventionsprogramms in der Lage sind, eine fundierte Entscheidung darüber zu treffen, ob, wann, wie und mit wem sie Sexting auf eine verantwortungsvolle Weise betreiben möchten (Beckmeyer et al., 2019; Döring, 2014).

Um eine solche Entscheidung treffen zu können, sollten in einem Präventionsprogramm inhaltliche Kernelemente vermittelt werden. Dazu gehört, Sexting zu definieren (van Ouytsel et al., 2014) und die Gründe für Sexting sowie die verschiedenen Kontexte, in denen freizügige Fotos verschickt werden, zu thematisieren (van Ouytsel et al., 2014; van Ouytsel et al., 2017). Darüber hinaus sollten die Teilnehmenden für die Risiken sensibilisiert werden, die mit Sexting einhergehen können (Ojeda & Del Rey, 2022; van Ouytsel et al., 2017; Walrave et al., 2015). Um die Risiken zu minimieren, sollten zudem Strategien für einen verantwortungsvollen und risikoarmen Umgang mit Sexting gefördert werden (Döring, 2012, 2014; Ojeda & Del Rey, 2022; Steinberg et al., 2019; van Ouytsel et al., 2019b). Ein weiterer Fokus liegt auf dem Erwerb von Handlungskompetenzen im Falle einer missbräuchlichen Verbreitung (Ojeda & Del Rey, 2022; van Ouytsel et al., 2014; Vogelsang, 2017; Walrave et al., 2015), wobei eine Stigmatisierung des Opfers vermieden werden soll (Döring, 2014; Jørgensen et al., 2019).

Ojeda und Del Rey (2022) haben in ihrem Übersichtsartikel 91 Artikel untersucht, die sich mit der Prävention von Sexting beschäftigen. Ungefähr 86 % der wissenschaftlichen Studien empfehlen, dass die Prävention im schulischen Kontext stattfinden sollte. Dies hat den Vorteil, dass aufgrund der Schulpflicht alle Jugendlichen erreicht werden und eine flächendeckende Prävention möglich ist.

Es gibt bereits verschiedene Präventionsangebote zum Thema Sexting im deutschsprachigen Raum. Auf zahlreichen Internetseiten können sich Jugendliche, aber auch Eltern und pädagogische Fachkräfte zum Thema Sexting informieren (Tab. 2.1).

Neben Internetseiten auf denen sich Leser:innen selbstständig zum Thema Sexting informieren können, ist es sinnvoll das Thema im schulischen Kontext zu erarbeiten (Ojeda & Del Rey, 2022). Dafür gibt es verschiedene Möglichkeiten. Sexting kann anhand einer Klassenlektüre wie z. B. *Uncovered – Dein Selfie zeigt alles* im Unterricht thematisiert werden. *Uncovered* ist ab 12 Jahren geeignet und behandelt neben Sexting auch die Themen Cybermobbing, Zivilcourage und Rollenbilder. Für die Gestaltung von Unterrichtseinheiten zum Buch stehen Unterrichtsmaterialien zur Verfügung (Einwohlt, 2021).

Einen umfassenderen Zugang zum Thema bieten die deutschsprachigen Programme zur Prävention der missbräuchlichen Verwendung freizügiger Fotos. *Fit und fair im Netz. Strategien zur Prävention von Cyberbullying und Sexting* ist ein schulbasiertes Programm für Oberstufenschüler:innen, das sich mit den Themen Cybermobbing und Sex-

Tab. 2.1 Hilfreiche Informationsseiten zum Thema Sexting

Initiative/Programm	Link	Anbieter
AJS NRW	ajs.nrw/materialbestellung/sexualisierter-gewalt-im-digitalen-raum-begegnen/	Arbeitsgemeinschaft Kinder- und Jugendschutz (AJS) Nordrhein-Westfalen e. V.
Handysektor	www.handysektor.de/sexting/	Landesanstalt für Kommunikation Baden-Württemberg
Klicksafe	www.klicksafe.de/sexting	Medienanstalt Rheinland-Pfalz; Landesanstalt für Medien NRW
Petze	www.petze-institut.de/sexting	PETZE-Institut für Gewaltprävention
Polizeiliche Kriminalprävention	www.polizeifuerdich.de/deine-themen/sexuelle-selbstbestimmung/sexting/	Polizeiliche Kriminalprävention der Länder und des Bundes
Safer-Sexting	www.safer-sexting.de	Landesanstalt für Medien NRW
SCHAU HIN!	www.schau-hin.info/grundlagen/sexting-vorsicht-bei-nacktbildern	Bundesministeriums für Familie, Senioren, Frauen und Jugend; Das Erste und ZDF; AOK
Vigozone	www.vigozone.de/ein-gefaehrlicher-trend-sexting/	AOK

ting beschäftigt (Rauh, 2016). Die Schüler:innen lernen, sich respektvoll im Internet zu verhalten. Dazu wird ihnen unter anderem Wissen über Sexting und Cybermobbing vermittelt und wie sie sich davor schützen können, Opfer von Cybermobbing oder der ungewollten Verbreitung von freizügigen Fotos zu werden. Das Programm kann z. B. von Lehrkräften oder Schulsozialarbeitern/Schulsozialarbeiterinnen durchgeführt werden. Das Schweizer Programm *Freelance. Prävention. Gesundheit* bietet Online-Materialien für Lehrkräfte zum Thema Sexting (Tisato, 2018). Ziel ist es, dass sich die Schüler:innen kritisch mit dem Thema auseinandersetzen und sich eine Meinung über sexualisierte Darstellungen im Internet bilden. Die Schüler:innen lernen die Risiken von Sexting kennen und machen sich mit den Sicherheitseinstellungen von sozialen Netzwerken vertraut. Die Schüler:innen erhalten einen Überblick über Verhaltensmöglichkeiten im Fall einer missbräuchlichen Verbreitung freizügiger Fotos. Das Programm ist umfangreich und für den Einsatz in der Sekundarstufe I konzipiert. „Klicksafe" und „Handysektor" bieten in der Unterrichtsreihe *Mobile Medien – neue Herausforderungen* das Heft *Selfies, Sexting, Selbstdarstellung* an (Klicksafe & Handysektor, 2018). Darin geht es um Herausforderungen im Umgang mit Smartphones und sozialen Netzwerken. Das kostenlos erhältliche Heft bietet Materialien für das Unterrichtsprojekt *Sexting – Risiken und Nebenwirkungen*. Das Projekt ist für Schüler:innen ab der 6. Klasse konzipiert. Neben der Definition von Sexting und dem Kennenlernen von Risiken sollen auch Handlungsmöglichkeiten bei der missbräuchlichen Verbreitung von freizügigen Fotos vermittelt werden. Außerdem haben die Schüler:innen die Aufgabe, eine Aufklärungskampagne zum Thema Sexting zu entwickeln.

Das SPuR-Präventionsprogramm erweitert dieses Angebot an Präventionsmaterialien. Es ist wissenschaftlich fundiert, evaluiert und inhaltlich umfänglicher. Es kann im schulischen Kontext angeboten werden (aber auch in anderen Bildungskontexten) und beinhaltet alle inhaltlichen Kernelemente, die nach aktuellem Forschungsstand bei der Entwicklung einer Präventionsmaßnahme zum Thema Sexting zu berücksichtigen sind.

Literatur

Arnett, J. J. (2000). Emerging adulthood: A theory of development from the late teens through the twenties. *American Psychologist, 55*(5), 469–480. https://doi.org/10.1037/0003-066X.55.5.469.

Beckmeyer, J. J., Herbenick, D., Fu, T.-C.J., Dodge, B., Reece, M., & Fortenberry, J. D. (2019). Characteristics of adolescent sexting: Results from the 2015 National Survey of Sexual Health and Behavior. *Journal of Sex & Marital Therapy, 45*, 767–780. https://doi.org/10.1080/0092623X.2019.1613463.

Beelmann, A. (2010). Bildungspsychologische Prävention. In C. Spiel, B. Schober, P. Wagner, & R. Reimann (Hrsg.), *Bildungspsychologie* (S. 275–290). Hogrefe.

Behrendt, P., Witz, C., Böhm, M., Dekker, A., & Budde, J. (2023). Victim Blaming bei nicht-konsensueller Weitergabe intimer Bilder: Ergebnisse einer Befragung von Schüler* innen und Lehrer* innen. *Zeitschrift für Sexualforschung, 36*(1), 5–16. https://doi.org/10.1055/a-2011-3989.

Berk, L. (2019) *Entwicklungspsychologie*. Pearson.

Bianchi, D., Morelli, M., Nappa, M. R., Baiocco, R., & Chirumbolo, A. (2021). A bad romance: Sexting motivations and teen dating violence. *Journal of Interpersonal Violence, 36*(13–14), 6029–6049. https://doi.org/10.1177/0886260518817037.

Collins, W. A., & Steinberg, L. (2007). Adolescent development in interpersonal context. *Child and adolescent development: An advanced course,* 551–590. https://doi.org/10.1002/9780470147658.chpsy0316.

Cooper, K., Quayle, E., Jonsson, L., & Svedin, C. G. (2016). Adolescents and self-taken sexual images: A review of the literature. *Computers in Human Behavior, 55,* 706–771. https://doi.org/10.1016/j.chb.2015.10.003.

Dekker, A., Behrendt, P., & Pregartbauer, L. (2021). Zur nichtkonsensuellen Weiterleitung persönlicher erotischer Fotos an Schulen: Eine Befragung von Schulleitungen in Schleswig-Holstein zu sexuellen Grenzverletzungen mittels digitaler Medien. *Bundesgesundheitsblatt, Gesundheitsforschung, Gesundheitsschutz, 64*(11), 1391. https://doi.org/10.1007/s00103-021-03436-4.

Del Rey, R., Ojeda, M., Casas, J. A., Mora-Merchán, J. A., & Elipe, P. (2019). Sexting among adolescents: The emotional impact and influence of the need for popularity. *Frontiers in psychology, 10,* 1828. https://doi.org/10.3389/fpsyg.2019.01828.

Dir, A. L., Cyders, M. A., & Coskunpinar, A. (2013). From the bar to the bed via mobile phone: A first test of the role of problematic alcohol use, sexting, and impulsivity-related traits in sexual hookups. *Computers in Human Behavior, 29*(4), 1664–1670. https://doi.org/10.1016/j.chb.2013.01.039.

Döring, N. (2012). Erotischer Fotoaustausch unter Jugendlichen: Verbreitung, Funktionen und Folgen des Sexting. *Zeitschrift für Sexualforschung, 25*(1), 4–25. https://doi.org/10.1055/s-0031-1283941.

Döring, N. (2014). Consensual sexting among adolescents: Risk prevention through abstinence education or safer sexting? *Cyberpsychology: Journal of Psychosocial Research on Cyberspace, 8*(1). https://doi.org/10.5817/CP2014-1-9.

Drouin, M., Vogel, K. N., Surbey, A., & Stills, J. R. (2013). Let's talk about sexting, baby: Computer-mediated sexual behaviors among young adults. *Computers in Human Behavior, 29*(5), 25–30. https://doi.org/10.1016/j.chb.2012.12.030.

Einwohlt, I. (Hrsg.). (2021). *Uncovered–Dein Selfie zeigt alles: Klassenlektüre ab 12 Jahren zum Thema Sexting.* Arena Verlag.

Eschenbeck, H., & Knauf, R.-K. (2018). Entwicklungsaufgaben und ihre Bewältigung. In A. Lohaus (Hrsg.), *Entwicklungspsychologie des Jugendalters* (S. 23–50). Springer.

Flammer, A., & Alsaker, F. (2002). *Entwicklungspsychologie der Adoleszenz: Die Erschließung innerer und äußerer Welten im Jugendalter.* Huber.

Gil-Llario, M. D., Morell-Mengual, V., Giménez-García, C., & Ballester-Arnal, R. (2020). The phenomenon of sexting among spanish teenagers: Prevalence, attitudes, motivations and explanatory variables. *Anales de Psicología, 36*(2), 210–219. https://doi.org/10.6018/analesps.390481.

Glüer, M. (2018). Digitaler Medienkonsum. In A. Lohaus (Hrsg.), *Entwicklungspsychologie des Jugendalters* (S. 197–222). Springer.

Glüer, M., & Lohaus, A. (2016). Participation in social network sites: Associations with the quality of offline and online friendships in German preadolescents and adolescents. *Cyberpsychology: Journal of Psychosocial Research on Cyberspace, 10*(2), Article 2. https://doi.org/10.5817/CP2016-2-2.

Hasebrink, U., Lampert, C., & Thiel, K. (2019). *Online-Erfahrungen von 9- bis 17-Jährigen. Ergebnisse der EU Kids Online-Befragung in Deutschland 2019* (2. Aufl.). Hans-Bredow-Institut.

Hasinoff, A. A. (2012). Sexting as media production: Rethinking social media and sexuality. *New Media & Society, 15*(4), 449–465. https://doi.org/10.1177/1461444812459171.

Havighurst, R. J. (1948). *Developmental tasks and education.* The University of Chicago Press.

Hollá, K. (2020). Sexting types and motives detected among Slovak adolescents. *European Journal of Mental Health, 15*(2), 75–92. https://doi.org/10.5708/EJMH.15.2020.2.1.

Hurrelmann, K. & Quenzel, G. (2016). *Lebensphase Jugend: Eine Einführung in die sozialwissenschaftliche Jugendforschung*. Beltz Juventa.

Jørgensen, C. R., Weckesser, A., Turner, J., & Wade, A. (2019). Young people's views on sexting education and support needs: Findings and recommendations from a UK-based study. *Sex Education, 19*(1), 25–40. https://doi.org/10.1080/14681811.2018.1475283.

Katzman, D. K. (2010). Sexting: Keeping teens safe and responsible in a technologically savvy world. *Paediatrics & Child Health, 15*, 41–42. https://doi.org/10.1093/pch/15.1.41.

Klettke, B., Hallford, D. J., Clancy, E., Mellor, D. J., & Toumbourou, J. W. (2019). Sexting and psychological distress: The role of unwanted and coerced sexts. *Cyberpsychology, Behavior and Social Networking, 22*, 237–242. https://doi.org/10.1089/cyber.2018.0291.

Klicksafe, & Handysektor (2018). Selfies, Sexting, Selbstdarstellung. https://www.klicksafe.de/materialien/selfies-sexting-selbstdarstellung. Zugegriffen: 26. Aug. 2023.

Kommission für Jugendmedienschutz (o. D.). Jugendmedienschutz. https://www.kjm-online.de/themen/jugendmedienschutz. *Zugegriffen: 24. Sept. 2023.*

Kopecký, K. (2015). Sexting among slovak pubescents and adolescent children. *Procedia – Social and Behavioral Sciences, 203*, 244–250. https://doi.org/10.1016/j.sbspro.2015.08.289.

Kultusministerkonferenz (2016). Bildung in der digitalen Welt- Strategie der Kultusministerkonferenz. https://www.kmk.org/fileadmin/Dateien/veroeffentlichungen_beschluesse/2016/2016_12_08-Bildung-in-der-digitalen-Welt.pdf. Zugegriffen: 12. Sept. 2023.

Larson, R. W., Richards, M. H., Sims, B., & Dworkin, J. (2001). How urban African-American young adolescents spend their time: Time budgets for locations, activities, and companionship. *American Journal of Community Psychology, 29*, 565–597.

Le, Donna, V., Temple, J. R., Peskin M., Markham, C., & Tortolero, S. (2014). Sexual behavior and communication. In T. C. Hiestand & W. J. Weins (Hrsg.), *Sexting and youth; A multidisciplinary examination of research, Theory, and Law* (S. 63–94). Carolina Academic Press.

Lenhart, A., Smitz, A., & Anderson, M. (2015). Teens, technology and romantic relationships. https://www.pewresearch.org/internet/2015/10/01/teens-technology-and-romantic-relationships/. Zugegriffen: 17. Sept. 2023.

Lippman, J. R., & Campbell, S. W. (2014). Damned if you do, damned if you don't… if you're a girl: Relational and normative contexts of adolescent sexting in the United States. *Journal of Children and Media, 8*(4), 371–386. https://doi.org/10.1080/17482798.2014.923009.

Livingstone, S., & Smith, P. (2014). Annual research review: Harms experienced by child users of online and mobile technologies: The nature, prevalence and management of sexual and aggressive risks in the digital age. *Journal of Child Psychology and Psychiatry, 55*(6), 635–654. https://doi.org/10.1111/jcpp.12197.

Madigan, S., Ly, A., Rash, C. L., van Ouytsel, J., & Temple, J. R. (2018). Prevalence of multiple forms of sexting behavior among youth: A systematic review and meta-analysis. *JAMA Pediatrics, 172*, 327–335. https://doi.org/10.1001/jamapediatrics.2017.5314.

Medienpädagogischer Forschungsverbund Südwest (mpfs, 2015). JIM 2015-Jugend, Information, (Multi-)Media. Basisuntersuchung zum Medienumgang 12- bis 19-Jähriger in Deutschland. https://www.mpfs.de/fileadmin/files/Studien/JIM/2015/JIM_Studie_2015.pdf. Zugegriffen: 11. Sept. 2023.

Medienpädagogischer Forschungsverbund Südwest (mpfs, 2020). JIM 2020-Jugend, Information, Medien. Basisuntersuchung zum Medienumgang 12- bis 19-Jähriger. https://www.mpfs.de/fileadmin/files/Studien/JIM/2020/JIM-Studie-2020_Web_final.pdf. Zugegriffen: 11. Sept. 2023.

Medienpädagogischer Forschungsverbund Südwest (mpfs, 2022). JIM 2022-Jugend, Information, Medien. Basisuntersuchung zum Medienumgang 12- bis 19-Jähriger. https://www.mpfs.de/fileadmin/files/Studien/JIM/2022/JIM_2022_Web_final.pdf. Zugegriffen: 11. Sept. 2023.

Michikyan, M., & Suárez-Orozco, C. (2016). Adolescent media and social media use: Implications for development. *Journal of Adolescent Research, 31*(4), 411–414. https://doi.org/10.1177/0743558416643801.

Ministerium für Schule, Wissenschaft und Forschung (2001). Unterstützung für das Lernen mit Medien, BASS 16–13 Nr. 4.

Mitchell, K. J., Finkelhor, D., Jones, L. M., & Wolak, J. (2012). Prevalence and characteristics of youth sexting: A national study. *Pediatrics, 129*(1), 13–20. https://doi.org/10.1542/peds.2011-1730.

Molla-Esparza, C., Losilla, J. M., & Lopez-Gonzalez, E. (2020). Prevalence of sending, receiving and forwarding sexts among youths: A three-level meta-analysis. *PLoS ONE, 15*(12), e0243653. https://doi.org/10.1371/journal.pone.0243653.

Mori, C., Park, J., Temple, J. R., & Madigan, S. (2022). Are youth sexting rates still on the rise? A meta-analytic update. *Journal of Adolescent Health, 70*(4), 531–539. https://doi.org/10.1016/j.jadohealth.2021.10.026.

Mori, C., Temple, J. R., Browne, D., & Madigan, S. (2019). Association of sexting with sexual behaviors and mental health among adolescents: A systematic review and meta-analysis. *JAMA Pediatrics, 173*, 770–779. https://doi.org/10.1001/jamapediatrics.2019.1658.

Muñoz, R. F., Mrazek, P. J., & Haggerty, R. J. (1996). Institute of Medicine report on prevention of mental disorders: Summary and commentary. *American Psychologist, 51*(11), 1116–1122. https://doi.org/10.1037/0003-066X.51.11.1116.

Naezer, M., & Ringrose, J. (2019). Adventure, intimacy, identity, and knowledge: Exploring how social media are shaping and transforming youth sexuality. In S. Lamb & J. Gilbert (Hrsg.), *The Cambridge handbook of sexual development: Childhood and adolescence* (S. 419–438). Cambridge University Press.

Naezer, M., & van Oosterhout, L. (2021). Only sluts love sexting: Youth, sexual norms and non-consensual sharing of digital sexual images. *Journal of Gender Studies, 30*, 79–90. https://doi.org/10.1080/09589236.2020.1799767.

Ojeda, M. & Del Rey, R. (2022). Lines of action for sexting prevention and intervention: A systematic review. *Archives of Sexual Behavior, 51*, 1–29. https://doi.org/10.1007/s10508-021-02089-3.

Patchin, J. W., & Hinduja, S. (2019). The nature and extent of sexting among a national sample of middle and high school students in the US. *Archives of Sexual Behavior, 48*, 2333–2423. https://doi.org/10.1007/s10508-019-1449-y.

Petersen, A. C., Kennedy, R. E., & Sullivan, P. A. (1991). Coping with adolescence. In M. Colten & S. Gore (Hrsg.), *Adolescent stress: Causes and consequences* (S. 93–110). Aldine de Gruyter.

Rauh, F. (2016). *Fit und fair im Netz: Strategien zur Prävention von Cyberbullying und Sexting*. hep verlag.

Reed, L. A., Boyer, M. P., Meskunas, H., Tolman, R. M., & Ward, L. M. (2020). How do adolescents experience sexting in dating relationships? Motivations to sext and responses to sexting requests from dating partners. *Children and Youth Services Review, 109*, 1–10. https://doi.org/10.1016/j.childyouth.2019.104696.

Rice, E., Rhoades, H., Winetrobe, H., Sanchez, M., Montoya, J., Plant, A., & Kordic, T. (2012). Sexually explicit cell phone messaging associated with sexual risk among adolescents. *Pediatrics, 130*(4), 667–673. https://doi.org/10.1542/peds.2012-0021.

Ringrose, J., Gill, R. Livingstone, S., & Harvey, L. (2012). *A qualitative study of children, young people and 'sexting': Report prepared for the NSPCC*. National Society for the Prevention of Cruelty to Children.

Rousseau, A., Frison, E., & Eggermont, S. (2019). The reciprocal relations between Facebook relationship maintenance behaviors and adolescents' closeness to friends. *Journal of Adolescence, 76*, 173–184. https://doi.org/10.1016/j.adolescence.2019.09.001.

Sánchez-Hernández, M. D., Herrera, M. C., & Expósito, F. (2021). Does the number of likes affect adolescents' emotions? The moderating role of social comparison and feedback-seeking on Instagram. *The Journal of Psychology: Interdisciplinary and Applied, 156*(3), 200–223. https://doi.org/10.1080/00223980.2021.2024120.

Schneewind, K. A., & Berkic, J. (2010). Familienpsychologie. In D. H. Rost (Hrsg.), *Handwörterbuch Pädagogische Psychologie* (S. 197–213). Beltz.

Schoeler, T., Duncan, L., Cecil, C. M., Ploubidis, G. B., & Pingault, J. B. (2018). Quasi-experimental evidence on short-and long-term consequences of bullying victimization: A meta-analysis. *Psychological Bulletin, 144*, 1229–1246. https://doi.org/10.1037/bul0000171.

Sessa, F. M., & Steinberg, L. (1991). Family structure and the development of autonomy during adolescence. *The Journal of Early Adolescence, 11*(1), 38–55. https://doi.org/10.1177/0272431691111003

Simmons, R. G., Burgeson, R., Carlton-Ford, S., & Blyth, D. A. (1987). The impact of cumulative change in early adolescence. *Child Development, 58*(5), 1220–1234. https://doi.org/10.2307/1130616.

Smahel, D., Machackova, H., Mascheroni, G., Dedkova, L., Staksrud, E., Ólafsson, K., Livingstone, S., & Hasebrink, U. (2020). *EU Kids Online 2020: Survey results from 19 countries*. EU Kids Online. https://doi.org/10.21953/lse.47fdeqj01ofo.

Smetana, J. G., Campione-Barr, N., & Metzger, A. (2006). Adolescent development in interpersonal and societal contexts. *Annual Review of Psychology, 57*, 255–284. https://doi.org/10.1146/annurev.psych.57.102904.190124.

Statistisches Bundesamt (2021). Auszug aus dem Datenreport 2021 – Kapitel 2: Familie, Lebensformen und Kinder. https://www.destatis.de/DE/Service/Statistik-Campus/Datenreport/Downloads/datenreport-2021-kap-2.pdf?__blob=publicationFile. Zugegriffen: 17. Sept. 2023.

Steinberg, D. B., Simon, V. A., Victor, B. G., Kernsmith, P. D., & Smith-Darden, J. P. (2019). Onset trajectories of sexting and other sexual behaviors across high school: A longitudinal growth mixture modeling approach. *Archives of Sexual Behavior, 48*, 2321–2331. https://doi.org/10.1007/s10508-019-1414-9.

Steinberg, L., & Morris, A. (2001). Adolescent development. *Annual Review of Psychology, 52*(1), 83–110. https://doi.org/10.1146/annurev.psych.52.1.83.

Subrahmanyam, K., & Greenfield, P. M. (2008). Online communication and adolescent relationships. *The Future of Children, 18*(1), 119–146. https://doi.org/10.1353/foc.0.0006.

Subrahmanyam, K., Greenfield, P. M., & Tynes, B. (2004). Constructing sexuality and identity in an online teen chat room. *Journal of Applied Developmental Psychology, 25*(6), 651–666. https://doi.org/10.1016/j.appdev.2004.09.007.

Suzuki, L. K., & Calzo, J. P. (2004). The search for peer advice in cyberspace: An examination of online teen bulletin boards about health and sexuality. *Journal of Applied Developmental Psychology, 25*(6), 685–698. https://doi.org/10.1016/j.appdev.2004.09.002.

Tisato, F. (2018). Das Präventionsprogramm für die Sekundarstufe I zu den Themenbereichen Tabak-Alkohol-Cannabis und Digitale Medien. https://www.be-freelance.net/de/100-un-terrichtsmodule/digitale-medien/sexting. Zugegriffen: 26. Aug. 2023.

Trepte, S., & Dienlin, T. (2014). Privatsphäre im Internet. In T. Porsch & S. Pieschl (Hrsg.), *Neue Medien und deren Schatten. Mediennutzung, Medienwirkung und Medienkompetenz, 1* (S. 51–80).

Twain, M., Clemens, S., & Smith, H. E. (2012). *Autobiography of Mark Twain*. University of California Press.

Valkenburg, P. M., & Peter, J. (2009). The effects of instant messaging on the quality of adolescents' existing friendships: A longitudinal study. *Journal of Communication, 59*(1), 79–97. https://doi.org/10.1111/j.1460-2466.2008.01405.x.

Van Ouytsel, J., Lu, Y., Ponnet, K., Walrave, M., & Temple, J. R. (2019a). Longitudinal associations between sexting, cyberbullying, and bullying among adolescents: Cross-lagged panel analysis. *Journal of Adolescence, 73*, 36–41. https://doi.org/10.1016/j.adolescence.2019.03.008.

Van Ouytsel, J., Ponnet, K., Walrave, M., & d'Haenens, L. (2017). Adolescent sexting from a social learning perspective. *Telematics and Informatics, 34*(1), 287–298. https://doi.org/10.1016/j.tele.2016.05.009.

Van Ouytsel, J., Walrave, M., & Ponnet, K. (2019b). Sexting within adolescents' romantic relationships: How is it related to perceptions of love and verbal conflict? *Computers in Human Behavior, 97*, 216–221. https://doi.org/10.1016/j.chb.2019.03.029.

Van Ouytsel, J., Walrave, M., & van Gool, E. (2014). Sexting: Between thrill and fear – How schools can respond. *The Clearing House: A Journal of Educational Strategies, Issues and Ideas, 87*, 204–212. https://doi.org/10.1080/00098655.2014.918532.

Verbreitung, Erwerb und Besitz kinderpornographischer Inhalte, § 184b Strafgesetzbuch StGB.

Verbreitung, Erwerb und Besitz jugendpornographischer Inhalte, § 184c Strafgesetzbuch StGB.

Verletzung des höchstpersönlichen Lebensbereichs und von Persönlichkeitsrechten durch Bildaufnahmen, § 201a Strafgesetzbuch StGB.

Vierhaus, M., & Wendt, E.-V. (2018). Sozialbeziehungen zu Gleichaltrigen. In A. Lohaus (Hrsg.), *Entwicklungspsychologie des Jugendalters* (S. 139–167). Springer.

Vogelsang, V. (2017). *Sexuelle Viktimisierung, Pornografie und Sexting im Jugendalter*. Springer Fachmedien Wiesbaden.

Walker, S., Sanci, L., & Temple-Smith, M. (2013). Sexting: Young women's and men's views on its nature and origins. *Journal of Adolescent Health, 52*(6), 697–701. https://doi.org/10.1016/j.jadohealth.2013.01.026.

Walrave, M., Ponnet, K., Van Ouytsel, J., Van Gool, E., Heirman, W., & Verbeek, A. (2015). Whether or not to engage in sexting: Explaining adolescent sexting behaviour by applying the prototype willingness model. *Telematics and Informatics, 32*(4), 796–808. https://doi.org/10.1016/j.tele.2015.03.008.

Walsh, D. (2019). Young people's considerations and attitudes towards the consequences of sexting. *Educational & Child Psychology, 36*(1), 58–73.

Weichold, K., & Silbereisen, R. K. (2018). Jugend (12–20 Jahre). In W. Schneider & U. Lindenberger (Hrsg.), *Entwicklungspsychologie* (S. 235–258). Beltz.

Ybarra, M. L., & Mitchell, K. J. (2014). „Sexting" and its relation to sexual activity and sexual risk behavior in a national survey of adolescents. *The Journal of Adolescent Health: Official Publication of the Society for Adolescent Medicine, 55*(6), 757–764. https://doi.org/10.1016/j.jadohealth.2014.07.012.

Entwicklung und Evaluation des SPuR-Präventionsprogramms

3.1 Ziele des SPuR-Präventionsprogramms

Im SPuR-Präventionsprogramm werden die drei Grobziele adressiert, Wissen zu vermitteln, risikobewusste Einstellungen zu fördern sowie Medienkompetenzen aufzubauen und zu erweitern. Demzufolge lassen sich daraus die folgenden Feinziele in der Präventionsarbeit ableiten:

Schüler:innen...

- erweitern ihr Wissen durch die Vermittlung von Informationen zur Privatsphäre im Internet, zu Bildrechten und zum Thema Sexting.
- werden für potenzielle Risiken von Sexting sensibilisiert und darin gestärkt, diese zu erkennen und sich selbst zu schützen. Damit wird die Entwicklung risikobewusster Einstellungen gefördert.
- werden dazu angeregt, die Perspektive des/der Senders/Senderin einzunehmen. Dadurch wird ihre Empathie gefördert und unterstützende Strategien aufgebaut. Einstellungen, die die Schuld bzw. den Fehler beim/bei der Sender:in betonen (Stichwort *„Victim Blaming"*) sollen verringert werden.
- erwerben effektive Handlungsstrategien für den Fall einer ungewollten Verbreitung freizügiger Fotos.
- werden in ihren Medienkompetenzen geschult, Sexting sicher und risikoarm zu gestalten.

3.2 Zielgruppe

Das SPuR-Präventionsprogramm wurde für Schüler:innen der 6. bis 7. Jahrgangsstufe entwickelt und in Studien mit Schüler:innen der 6. bis 8. Jahrgangsstufe praktisch erprobt (Abschn. 3.5, 3.6, 3.7 und 3.8). Aufgrund der universell präventiven Ausrichtung eignet es sich besonders für Schüler:innen in der 6. und 7. Jahrgangsstufe. Diese Zielgruppe hat meistens noch keine persönlichen Erfahrungen mit Sexting gemacht, steht aber davor diese Erfahrungen selbst zu machen oder im eigenen Nahfeld zu beobachten. Auch die Evaluationsstudien zum SPuR-Präventionsprogramm verdeutlichen, dass ein entwicklungstheoretisch günstiger Zeitpunkt für die Durchführung in der 6. und 7. Jahrgangsstufe liegt. Das SPuR-Präventionsprogramm kann sowohl für Schüler:innen in der Schule als auch für Jugendliche im Rahmen eines außerschulischen Angebots im Bereich der Jugendhilfe eingesetzt werden (Abschn. 4.1).

3.3 Aufbau des SPuR-Präventionsprogramms

Das SPuR-Präventionsprogramm besteht aus zwei Teilen: der *Programmvorbereitung* und der *Programmdurchführung* (siehe auch Abb. 3.1 für einen Überblick). Der zeitliche Rahmen des SPuR-Präventionsprogramms beträgt ca. vier Zeitstunden (bzw. fünf Unterrichtsstunden) für die reine Programmdurchführung und (optional) noch 1–2 Stunden für einen programmvorbereitenden Elterninformationsabend. Das SPuR-Präventionsprogramm ist modular aufgebaut und kann an einem Projekttag oder verteilt auf bis zu fünf Termine durchgeführt werden.

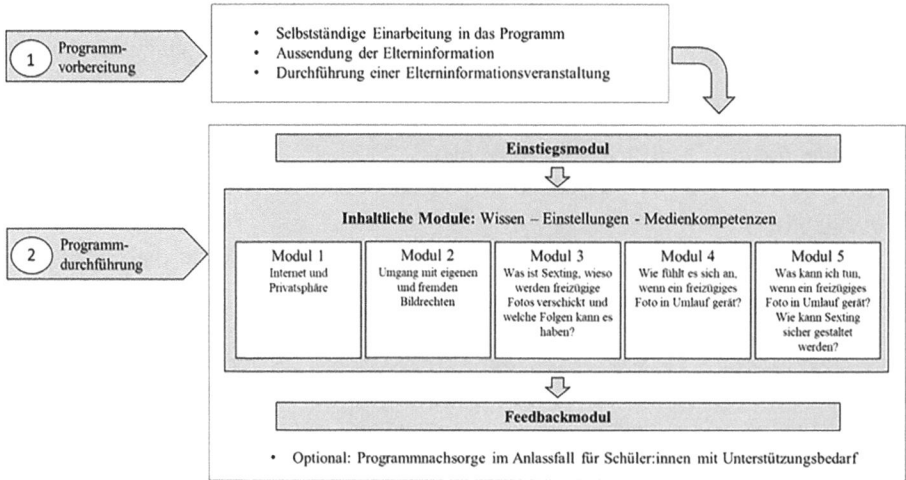

Abb. 3.1 Aufbau des SPuR-Präventionsprogramms

Programmvorbereitung. Lehrkräfte, Schulsozialarbeiter:innen oder externen Trainingskräfte können sich selbstständig auf das SPuR-Präventionsprogramm vorbereiten. Der geschätzte Aufwand bewegt sich hierfür, je nach beruflicher Vorerfahrung, zwischen drei und zehn Stunden. Ein Besuch einer Fortbildung ist nicht erforderlich, weil das Manual vollständig im Selbststudium erarbeitet werden kann. Neben konkreten praktischen Durchführungshinweisen, die komplette Unterrichtseinheiten strukturieren, stehen auch Formulierungsbeispiele zur Gestaltung einzelner Übungen und alle Materialien als Druckvorlage zur Verfügung (Kap. 4). Vor der Durchführung des SPuR-Präventionsprogramms ist die Ausgabe von Informationen und eine Elterninformationsveranstaltung für Eltern bzw. Sorgeberechtigte empfohlen. Darüber werden Hintergrundwissen zu den Themen des SPuR-Präventionsprogramms vermittelt und Hilfestellungen für Gespräche mit Jugendlichen gegeben (Kap. 5).

Programmdurchführung. Die Inhalte des SPuR-Präventionsprogramms werden in einem Einstiegsmodul, fünf inhaltlichen Modulen und einem Feedbackmodul vermittelt. Im *Einstiegsmodul* wird von der Trainingskraft eine vertrauensvolle Atmosphäre geschaffen, mit Aufwärmübungen in das Thema eingeführt und das Vorwissen der Schüler:innen aktiviert. Im ersten inhaltlichen Modul *„Internet und Privatsphäre"* werden die Schüler:innen für den Umgang mit Privatsphäre im Internet sensibilisiert. Sie reflektieren ihre Nutzung digitaler Medien und beschäftigen sich mit der Wirkung digitaler Selbstdarstellung. Das zweite inhaltliche Modul *„Umgang mit eigenen und fremden Bildrechten"* thematisiert, verbunden mit praxisbezogenen Beispielen, Hintergrundwissen zu rechtlichen Grundlagen zur digitalen Verwendung von Bildmaterial. Im dritten inhaltlichen Modul *„Was ist Sexting, wieso werden freizügige Fotos verschickt und welche Folgen kann es haben?"* setzen sich die Schüler:innen mit einem Fallbeispiel auseinander, erfahren was man unter Sexting versteht und beschäftigen sich mit den Motiven und Risiken von Sexting. Das Fallbeispiel wird mithilfe eines Videos vermittelt, das die Problemsituation einer ungewollten Verbreitung eines intimen Fotos einer Schülerin beschreibt. Daran anschließend widmet sich das vierte inhaltliche Modul *„Wie fühlt es sich an, wenn ein freizügiges Foto in Umlauf gerät?"* dem Thema der ungewollten Verbreitung eines freizügigen Fotos. Gefühle und Gedanken der Beteiligten im Fallbeispiel aus dem dritten Modul werden dazu aus unterschiedlichen Blickwinkeln betrachtet und die Fähigkeit zur Perspektivübernahme gefördert. Dieses Modul unterstützt die Schüler:innen ihr (hypothetisches) Verhalten selbst zu reflektieren und Empathie mit Personen zu empfinden, deren freizügige Fotos ungewollt in Umlauf gebracht worden sind. Im fünften inhaltlichen Modul *„Was kann ich tun, wenn ein freizügiges Foto in Umlauf gerät? Wie kann Sexting sicher gestaltet werden?"* werden die Handlungskompetenzen der Schüler:innen aufgebaut und erweitert. Sie werden in den sogenannten HELP-Strategien geschult, die sich für akute Situationen, in denen Bildmaterial ungewollt verbreitet wurde, eignen. Daran anknüpfend werden Handlungsleitlinien erarbeitet, die dazu beitragen, Sexting möglichst sicher zu gestalten (sog. Safer Sexting). In einem geschützten Rahmen werden Fähigkeiten und Kenntnisse vermittelt, um sie auf potenzielle reale Situationen in der Zukunft vorzubereiten. Das SPuR-Präventionsprogramm schließt am Ende mit einem *Feedbackmodul* ab. Im Feedbackmodul wird die Trainingskraft über ein ausführliches Klassengespräch oder ein kurzes Blitzlicht über die Zufriedenheit der Schüler:innen mit dem Präventionsangebot informiert. Diese Informationen können auch genutzt werden, um das Präventionsangebot an Bildungseinrichtungen gezielter zu planen (z. B. zeitliche Terminierung von Präventionsmaßnahmen, Passung des Angebots für bestimmte Jahrgangsstufen).

Bei der Durchführung von Präventionsmaßnahmen, die universell ausgerichtet sind, kann es passieren, dass sich unter den Schülern/Schülerinnen auch solche befinden, die bereits negative Vorerfahrungen mit Sexting, medienbasierter sexualisierter Gewalt, anderen Formen sexualisierter Gewalt oder Belästigung haben. Ein Präventionsangebot wie das SPuR-Präventionsprogramm kann Vorerfahrungen in Erinnerung rufen („triggern") und bei den Betroffenen Belastungsreaktionen hervorrufen, die eine nachfolgende Intervention erfordern. Im SPuR-Präventionsprogramm wird deshalb die Möglichkeit von potentiell vorbelasteten Schülern/Schülerinnen mitbedacht, auch wenn es weder selektiv noch indiziert präventiv ausgerichtet ist. In solchen Fällen beinhaltet das SPuR-Präventionsprogramm Informationen für eine, auf Freiwilligkeit basierende Durchführung und zu Möglichkeiten der Programmnachsorge im Anlassfall (Abschn. 4.1).

3.4 Didaktische Umsetzung

Das SPuR-Präventionsprogramm kann im Schulunterricht im Klassenraum, in Arbeitsgemeinschaften in Räumlichkeiten des Offenen Ganztages, in Rahmen von außerschulischen Bildungsangeboten in Jugendzentren oder weiteren Orten der Jugendhilfe sowie in Feriencamps angeboten werden. Die Kontexte für diese Präventionsmaßnahme sind vielfältig. Auch bei der Wahl der Trainingskraft bestehen viele Freiheiten. Die Umsetzung kann entweder durch eine Trainingskraft allein (z. B. Lehrkraft, Schulsozialarbeiter:in) oder durch ein Trainingsteam (z. B. pädagogische Mitarbeiter:innen im Offenen Ganztag) erfolgen. Eine hohe eigene Expertise zum Thema Medien ist nicht erforderlich, wohl aber Kenntnisse zu den einzelnen Modulen und Vorerfahrungen im Umgang mit Schüler:innengruppen.

In den fünf Modulen werden unterschiedliche didaktische Methoden genutzt, um die Ziele des SPuR-Präventionsprogramms zu erreichen:

- Zu Beginn eines jeden Moduls erhalten die Schüler:innen einen *Überblick über die Inhalte* und *Lernziele*.
- In jedem inhaltlichen Modul werden kurze *Fallbeispiele und Gruppengespräche* genutzt, um die Relevanz der Themen für den Alltag der Schüler:innen herzustellen, um das Vorwissen der Schüler:innen zu aktivieren und Vorerfahrungen mit den Themen sichtbar werden zu lassen.

- Kurze *Impulsvorträge* werden zur Vermittlung von Wissen und zur Wissenssicherung eingesetzt.
- Gemäß den Prinzipien der „*Anchored Instruction*" (Bransford et al., 1990; Cognition and Technology Group at Vanderbilt (CTGV), 1990, 1992) wird über eine *videobasierte Fallvignette* eine authentische Problemsituation zum Thema Sexting angeboten. Das Konzept der Anchored Instruction zielt darauf ab, das Lernen in einen realistischen und authentischen Kontext zu stellen, indem es Lerninhalte mit konkreten Beispielen verknüpft. Diese Beispiele oder „Anker" dienen dazu, das Verständnis zu fördern und das Lernen relevanter und effektiver zu gestalten. Die Schüler:innen beteiligen sich im SPuR-Präventionsprogramm aktiv mit ihrem (Vor-)Wissen und ihren Meinungen an der Diskussion der Beispielsituation und entwickeln Lösungen, wie der Umgang damit aussehen könnte. Die Trainingskraft begleitet den Lernprozess, geht in die Interaktion mit den Schülern/Schülerinnen, stellt Reflexions- und Diskussionsfragen, bietet Unterstützung und nutzt die Problemsituation für die Vermittlung konkreter Handlungsstrategien.
- *Gruppenspiele* befördern eine positive Lernatmosphäre und aktivieren die Schüler:innen.
- In *Einzel- und Gruppenarbeiten* werden Themen vertieft, unterschiedliche Wissensstände und Einstellungen der Schüler:innen sichtbar gemacht.
- Praxistaugliche, anschauliche *Lehrmaterialien* unterstützen den Lernprozess und die Wissenssicherung.

3.5 Evaluation des SPuR-Präventionsprogramms

Die Evaluationsstudien zum SPuR-Präventionsprogramm orientierten sich an drei Evaluationsebenen des nutzenorientierten Evaluationsmodells von Kirkpatrick und Kirkpatrick (2006). Die höheren Stufen des Modells können nur erreicht werden, wenn das SPuR-Präventionsprogramm auf den unteren Ebenen erfolgreich ist. Die erste Ebene, die Ebene der Reaktionen, misst die Zufriedenheit der Schüler:innen mit dem SPuR-Präventionsprogramm. Eine hohe Zufriedenheit ist wichtig, damit das SPuR-Präventionsprogramm akzeptiert wird und Wissen bzw. Kompetenzen erworben werden können. Die zweite Ebene befasst sich mit dem Lernaspekt. Hier wird untersucht, inwieweit das SPuR-Präventionsprogramm einen Einfluss auf die Einstellungen und das Wissen bzw. die Kompetenzen der Teilnehmenden hat. Die dritte Ebene, die Verhaltensebene, untersucht, ob die im SPuR-Präventionsprogramm erlernten Kompetenzen auf das Verhalten im Alltag übertragen und dort angewendet werden.

Das SPuR-Präventionsprogramm wurde in drei Studien evaluiert: (1) in einer Machbarkeitsstudie in der formative Evaluationsfragestellungen verfolgt wurden, (2) in einer Zielerreichungsstudie in der summative Evaluationsfragestellungen in einem Posttest-Follow-up-Test-Design untersucht wurden und (3) in einer Interventionsstudie in der in einem Interventions-(Warte-)Kontrollgruppendesign zu zwei Messzeitpunkten summative Evaluationsfragestellungen untersucht wurden.

▶ **Summative und formative Evaluation** Die summative Evaluation (auch Ergebnisevaluation genannt) prüft nach Abschluss einer Maßnahme die Frage, inwieweit diese wirksam und effizient im Vergleich zur Ausgangslage vor Beginn der Maßnahme ist (Scriven, 1991; Westermann, 2002). Im Kontrast dazu werden unter formativer Evaluation (auch als Prozessevaluation bezeichnet) Evaluationsstudien verstanden, die wiederholt und begleitend zu Maßnahmen durchgeführt werden. Ihr Beitrag besteht darin, Maßnahmen zu verbessern, diese oder deren Rahmenbedingungen, Ziele oder Voraussetzungen zu verändern oder Veränderungen zu erklären (Borke et al., 2015; Spiel et al., 2010; Westermann, 2002).

3.5.1 Rahmenbedingungen der Evaluationsstudien

Das SPuR-Präventionsprogramm wurde 2019 mit Schülern/Schülerinnen aus sieben Klassen der sechsten und siebten Jahrgangsstufe eines Gymnasiums in einer deutschen Großstadt durchgeführt (Evaluationsstudie 1 und 2, Abschn. 3.6 und 3.7). Es wurde in jeder Klasse in den Unterrichtsräumen als Projekttag ohne zusätzlich anwesende Lehrkräfte durchgeführt. Die Durchführung übernahmen jeweils in einer Klasse die Programmentwicklerinnen und in den anderen Klassen geschulte Multiplikatorinnen (100 % weiblich). Die Programmentwicklerinnen führten die Multiplikatorinnen in das SPuR-Präventionsprogramm ein. Zur eigenständigen Vorbereitung erhielten die Multiplikatorinnen zudem das Durchführungsmanual zum SPuR-Präventionsprogramm und alle Materialien. Vor der Durchführung des SPuR-Präventionsprogramms erhielten die Eltern schriftliche Informationen.

Auf Basis der Ergebnisse der formativen Evaluation der Evaluationsstudie 1 nahmen die Programmentwicklerinnen einige Änderungen vor. Im Rahmen der Evaluationsstudie 3 wurde das SPuR-Präventionsprogramm 2023 summativ evaluiert. Es nahmen Schüler:innen aus insgesamt sieben Klassen der siebten und achten Jahrgangsstufe zweier Gymnasien teil. Die Schulen befanden sich in zwei deutschen Kleinstädten im ländlichen Raum Nordrhein-Westfalens. Geschulte Multiplikatoren/Multiplikatorinnen führten das SPuR-Präventionsprogramm in den Klassenräumen ohne anwesende Lehrkräfte durch (Abschn. 3.8). Vor der Durchführung des SPuR-Präventionsprogramms erhielten die Eltern schriftliche Informationen und die Möglichkeit eine Online-Elterninformationsveranstaltung zu besuchen.

Die folgenden Kapitel berichten Ergebnisse aus den bisherigen Evaluationsstudien. Die Mitarbeiter:innen des Ce.LEB untersuchen das SPuR-Präventionsprogramm weiterhin in wissenschaftlichen Studien und informieren über die Ergebnisse auf dieser Website: https://uni.ms/celeb.

3.6 Evaluationsstudie 1: Evaluation der Programmdurchführung

3.6.1 Ziele/Fragestellungen

Die erste Evaluationsstudie hatte zum Ziel im Sinne einer Machbarkeitsstudie, die Umsetzung des SPuR-Präventionsprogramms zu erproben und Optimierungsmöglichkeiten aufzuzeigen. Es wurden folgende formative Fragestellungen untersucht:

1. Sind die Multiplikatorinnen für die Durchführung des SPuR-Präventionsprogramms ausreichend geschult?
2. Ist die Implementierung des SPuR-Präventionsprogramms gelungen?
3. Wie haben die Trainer:innen die Atmosphäre in der Klasse, die Mitarbeit der Schüler:innen und das eigene Kompetenzerleben als Trainerin empfunden?
4. Welche Optimierungsvorschläge ergeben sich für das SPuR-Präventionsprogramm?

3.6.2 Methode

Stichprobe
Die Stichprobe der Multiplikatorinnen umfasste neun Personen (100 % weiblich; $M_{Alter} = 21{,}2$, $SD_{Alter} = 0{,}67$), bestehend aus Psychologiestudierenden, die mindestens 5 Semester im Bachelor-Studiengang Psychologie studierten hatten.

Messinstrumente
Zur formativen Evaluation des SPuR-Präventionsprogramms wurden verschiedene Forschungsmethoden eingesetzt, um eine umfassende Rückmeldung zur Durchführung zu erhalten. Zum Einsatz kamen ein Multiplikatorenfragebogen, leitfadengestützte Interviews mit den Multiplikatorinnen und eine Checkliste zur Überprüfung der Implementationstreue. Die Implementierungstreue beschreibt den Umfang, in dem geplante Programmelemente tatsächlich umgesetzt werden.

Die erhobenen Daten wurden sowohl quantitativ (Multiplikatorenfragebogen, Checkliste zur Implementierungstreue) als auch qualitativ (Multiplikatorenfragebogen, leitfadengestützte Interviews) ausgewertet.

Vorbereitung auf die Durchführung des SPuR-Präventionsprogramms. Mithilfe der Skala *Vorbereitung auf die Durchführung des Programms* (6 Items, Cronbachs α = ,76) im Multiplikatorenfragebogen wurden die Erfahrungen der Trainingskräfte mit der

Programmvorbereitung untersucht. Der Fragebogen erfasste, wie gut sich die Multiplikatorinnen auf die Durchführung des Programms vorbereitet fühlten. Die Fragen waren als Aussagen formuliert, die auf einer fünf-stufigen Skala eingeschätzt werden sollten (von 1 = „trifft nicht zu" bis 5 = „trifft voll zu", z. B. „Das Manual war hilfreich bei der Vorbereitung auf das Programm."). Des Weiteren konnten die Trainerinnen in einem offenen Antwortfeld angeben, welche weitere Unterstützung bei der Vorbereitung des Programms noch hilfreich gewesen wäre.

Implementierungstreue. Der Multiplikatorenfragebogen enthielt eine Frage zur Dauer des Programms in Minuten. Darüber hinaus wurden die Trainerinnen gebeten, die Einhaltung der Zeitvorgaben auf einer fünf-stufigen Skala (von 1 = „trifft nicht zu" bis 5 = „trifft voll zu") zu bewerten. In einem offenen Antwortfeld konnten sie notieren, bei welchen Programmelementen die Zeitvorgaben unpassend waren.

Als weiteres Messinstrument für die Implementierungstreue wurde eine Checkliste eingesetzt, die eine vollständige Auflistung aller Elemente mit kurzen Beschreibungen enthielt. In der Checkliste konnten die Multiplikatorinnen dokumentieren, ob die jeweilige Übung bzw. der jeweilige Inhalt bei der Durchführung umgesetzt wurden. Für jedes vollständig durchgeführte Element wurde der Wert „1" auf der Checkliste vergeben. Die Implementierungstreue wurde in „hoch", „mittel" und „niedrig" unterteilt. Eine hohe Implementierungstreue wurde erreicht, wenn eine Implementierungsrate von mindestens 94 % der Elemente erreicht wurde. Eine mittlere Implementierungstreue wurde ab einer Implementierungsrate von 83 % festgelegt und Implementierungsraten darunter waren als niedrige Implementierungstreue einzustufen.

In den leitfadengestützten Interviews wurden die Elemente des Programms aus dem Durchführungsmanual systematisch hinsichtlich ihrer Durchführbarkeit besprochen. Dabei wurden sowohl Elemente, die gut funktionierten, als auch solche, bei denen Schwierigkeiten auftraten, z. B. beim Zeitmanagement, identifiziert und dokumentiert.

Atmosphäre, Mitarbeit der Schüler:innen und Kompetenzerleben als Trainer:in. Der Multiplikatorenfragebogen erfasste auch die Atmosphäre in der Klasse, die Mitarbeit der Schüler:innen sowie das eigene Kompetenzerleben in der Rolle als Trainer:in.

Die Trainerinnen konnten die Atmosphäre in der Klasse während der Durchführung anhand von drei Items auf der Skala *Atmosphäre in der Klasse* (Cronbachs α = ,90; z. B. „Ich habe die Atmosphäre in der Klasse während des Programms als angenehm empfunden.") unter Nutzung einer fünf-stufigen Skala (von 1 = „trifft nicht zu" bis 5 = „trifft voll zu") einschätzen.

Zusätzlich wurden die Trainerinnen gebeten, in einem offenen Antwortfeld zu notieren, welche Arten von Störungen während der Durchführung des Programms aufgetreten sind, wie zum Beispiel Unterrichtsstörungen durch einzelne Schüler:innen oder nicht eingehaltene Pausenzeiten.

Die Skala zur Erfassung der *Mitarbeit der Schüler:innen* (Cronbachs α = ,84) beinhaltete sieben Aussagen, die die aktive Beteiligung der Schüler:innen beschreiben (z. B.

„Während der Gruppenarbeit haben sich alle beteiligt"). Diese Aussagen sollten auf einer fünf-stufigen Skala bewertet werden (von 1 = „trifft nicht zu" bis 5 = „trifft voll zu").

Die Skala zur *Erfassung des Kompetenzerlebens der Trainer:innen* (Cronbachs α = ,92) zielt darauf ab, deren Empfinden bezüglich ihrer Kompetenz in ihrer Rolle zu messen. Hierzu sollten die Trainerinnen acht Aussagen (z. B. „Ich habe mich als Trainer:in kompetent gefühlt") auf einer fünf-stufigen Skala bewerten (von 1 = „trifft nicht zu" bis 5 = „trifft voll zu").

Optimierungsvorschläge. Im Multiplikatorenfragebogen hatten die Trainerinnen die Möglichkeit, Änderungsvorschläge sowie sonstige Anmerkungen in offenen Antwortfeldern zu notieren. Darüber hinaus wurden mithilfe der leitfadengestützten Interviews Verbesserungsvorschläge zur Umsetzung des SPuR-Präventionsprogramms dokumentiert.

Design und Durchführung
Die Trainerinnen notierten fortlaufend und programmbegleitend auf der Checkliste zur Implementierungstreue, welche Elemente des SPuR-Präventionsprogramms durchgeführt wurden. Sie füllten direkt im Anschluss an die Durchführung den Multiplikatorenfragebogen aus. Eine Woche nach der Durchführung fand ein Reflexionstreffen statt, bei dem die leitfadengestützten Interviews durchgeführt wurden. So konnte zusätzlich zu den schriftlichen Fragebögen die retrospektive Einschätzung der Multiplikatorinnen erfasst werden.

3.6.3 Ergebnisse

Programmvorbereitung
Die Multiplikatorinnen gaben im Mittel einen hohen Vorbereitungsgrad auf der Skala *Vorbereitung auf das Programm* an ($M = 4{,}6$, $SD = 0{,}4$). Sie benannten im Fragebogen, dass es ihnen bei der Vorbereitung auf das SPuR-Präventionsprogramm geholfen hätte, den gesamten Ablauf einmal zu üben, die Übungen – insbesondere die Formulierungsbeispiele – zu Hause zu simulieren und sich intensiv mit den Materialien zu beschäftigen. Rückblickend gaben die Multiplikatorinnen im Interview an, dass es von Vorteil gewesen wäre, vor der Durchführung des SPuR-Präventionsprogramms mehr Informationen über die geltenden Klassenregeln und eine intensivere Vorbereitung zum Umgang mit herausfordernden Schülern/Schülerinnen zu haben.

Programmimplementierung
In drei Klassen waren die Implementierungsraten hoch, in drei Klassen wurden mittlere Implementierungsraten erreicht und in einer Klasse war die Umsetzung mit einer geringen Implementierungstreue verbunden, da einige Elemente des SPuR-Präventionsprogramms verkürzt durchgeführt wurden.

Die Durchführung des SPuR-Präventionsprogramms dauerte (inklusive Pausen und Evaluation) zwischen 200 und 211 min ($M = 207{,}33$, $SD = 3{,}58$). Das Item „Es ist mir gelungen, die Zeitvorgaben einzuhalten" wurde auf der fünf-stufigen Skala im Mittel mit $M = 3{,}1$ ($SD = 1{,}6$) eingeschätzt. In dem offenen Antwortfeld, in dem die Multiplikatorinnen die Elemente des Präventionsprogramms notierten, bei denen die Zeitvorgaben im Durchführungsmanual als zu kurz empfunden wurden, wurden vier Elemente des SPuR-Präventionsprogramms mehr als zweimal genannt: „Begrüßung", „Aufwärmübung 1: Alle die…", „Übung: Tagebucheintrag", „Übung: Sexting-Situationen einschätzen".

In den leitfadengestützten Interviews merkten die Multiplikatorinnen an, dass zu wenig Zeit für Fragen der Schüler:innen, die Diskussionen und die Bearbeitung der Fragebögen der Schüler:innen für die Evaluation eingeplant wurden. Hinsichtlich des Feedbacks am Ende des SPuR-Präventionsprogramms wurde festgestellt, dass aus Zeitmangel in keiner der Klassen die ausführliche Feedbackvariante gewählt wurde und auch die kurze Feedbackvariante nicht immer durchgeführt werden konnte.

Atmosphäre in der Klasse, Mitarbeit der Schüler:innen und Kompetenzerleben
Die Multiplikatorinnen drückten in der Skala *Atmosphäre in der Klasse* aus, dass nicht immer eine angenehme Arbeitsatmosphäre herrschte ($M = 2{,}5$, $SD = 1{,}0$). Dass die Schüler:innen aktiv mitarbeiteten, bewerteten die Multiplikatorinnen in der Skala *Mitarbeit der Schüler:innen* als teils zutreffend und teils weniger zutreffend ($M = 3{,}5$, $SD = 0{,}6$). In der Skala *Erfassung des Kompetenzerlebens der Trainer:innen* meldeten die Multiplikatorinnen ein hohes Kompetenzerleben zurück ($M = 4{,}0$, $SD = 0{,}8$).

Optimierungsvorschläge
Im Multiplikatorenfragebogen hatten die Trainerinnen die Möglichkeit, Änderungsvorschläge in einem offenen Antwortfeld zu notieren. Die Mehrheit der Rückmeldungen, sowohl aus dem Fragebogen als aus den leitfadengestützten Interviews, bezog sich auf eine inhaltliche Reduktion einzelner Elemente („Aufwärmübung 1: Alle die…", „Übung: Sexting-Situationen einschätzen"), um Zeit einzusparen und ausreichend Zeit für Fragen der Schüler:innen sowie Diskussionen zu gewährleisten.

3.6.4 Schlussfolgerungen/Praktische Implikationen

Der hohe Skalenmittelwert der Skala *Vorbereitung auf das Programm* zeigt, dass die Vorbereitung der Multiplikatorinnen auf die Durchführung des SPuR-Präventionsprogramms erfolgreich war. Das empfundene hohe Kompetenzerleben der Trainerinnen unterstreicht dieses Ergebnis.

Die Multiplikatorinnen äußerten den Wunsch, mehr Informationen über Klassenregeln und den Umgang mit herausforderndem Schüler:innenverhalten zu erhalten. Daraus lässt sich ableiten, dass es sinnvoll ist, das SPuR-Präventionsprogramm von Personen durchführen zu lassen, die Erfahrung mit Gruppen von Schüler:innen haben. Dies wurde in Evaluationsstudie 3 berücksichtigt.

Das SPuR-Präventionsprogramm konnte (mit Ausnahme einer Klasse) überwiegend mit mittleren und hohen Implementierungsraten umgesetzt werden. Somit kann die Implementierung des SPuR-Präventionsprogramms insgesamt als akzeptabel bewertet werden. Die Checkliste zur Implementierungstreue, der Multiplikatorenfragebogen sowie die leitfadengestützten Interviews verdeutlichten zeitliche Anpassungsbedarfe bei einigen Elemente der ersten Version des SPuR-Präventionsprogramms.

Dementsprechend wurde für die finale Version des SPuR-Präventionsprogramms (Kap. 4) die zeitliche Struktur einzelner Elemente angepasst, um sicherzustellen, dass alle Komponenten vollständig umgesetzt werden können. Außerdem wurde die Gesamtdauer der Durchführung verlängert, um mehr Zeit für Diskussionen und Fragen zu haben.

3.7 Evaluationsstudie 2: Evaluation der Wirksamkeit des Programms

3.7.1 Ziele und Fragestellungen

In der zweiten Evaluationsstudie wurde im Sinne einer Zielerreichungsstudie untersucht, ob das SPuR-Programm die intendierten Programmziele erreichen kann. Orientiert an den ersten drei Evaluationsebenen des nutzenorientierten Evaluationsmodells nach Kirkpatrick und Kirkpatrick (2006) widmete sich diese summativ ausgerichtete Studie der Prüfung der Programmzufriedenheit, der Veränderungen auf Einstellungs- und Wissensebene sowie der Veränderungen auf Verhaltensebene. Die Evaluationsstudie adressierte die folgenden Fragestellungen (siehe auch Nestler et al., 2022):

1. Sind die Schüler:innen mit dem SPuR-Präventionsprogramm zufrieden? *(Ebene der Reaktionen)*
2. Entwickeln die Schüler:innen eine kritische Einstellung gegenüber Sexting und dem Umgang mit Privatsphäre im Internet? *(Ebene des Lernens)*
3. Erweitern die Schüler:innen ihr Wissen zu den Themen Sexting und Bildrechte? (objektiver Wissenszuwachs, *Ebene des Lernens*)
4. Berichten die Schüler:innen von einem subjektiv wahrgenommenen Lernzuwachs? (subjektiver Wissenszuwachs, *Ebene des Lernens*)
5. Erweitern die Schüler:innen ihr Verhaltensrepertoire an konstruktiven Strategien im Falle einer ungewollten Verbreitung freizügiger Fotos *(Ebene des Verhaltens)*?
6. Erweitern die Schüler:innen ihr Verhaltensrepertoire an Strategien für eine verantwortungsbewusste Gestaltung von Sexting? *(Ebene des Verhaltens)*

Zusätzlich dazu wurde die differenzielle Wirksamkeit des SPuR-Präventionsprogramms in Hinblick auf das Geschlecht und die Jahrgangsstufe untersucht. Damit ergaben sich die folgenden weiteren Fragestellungen:

7. Ist das Programm gleichermaßen wirksam für weibliche und männliche Schüler:innen?
8. Ist das Programm gleichermaßen wirksam für Schüler:innen der sechsten und siebten Jahrgangsstufe?

3.7.2 Methode

Design und Durchführung

In dieser Evaluationsstudie wurde ein Interventionsgruppendesign genutzt, um Effekte im Prä- und Post- und Follow-up-Testvergleich zu untersuchen. Alle Schüler:innen, die an der Evaluationsstudie teilnahmen, nahmen zwischen dem Prä- und Posttest auch am SPuR-Präventionsprogramm teil. Alle Fragebögen wurden vorab der Lehrkraft für das medienpädagogische Konzept und der Schulrektorin der Schule vorgelegt. Die Eltern erteilten ihre aktive schriftliche Zustimmung zur Studienteilnahme ihres Kindes. Die Programmentwicklerinnen und Multiplikatorinnen berücksichtigten die ethischen Richtlinien der Deutschen Gesellschaft für Psychologie e. V. und des Berufsverbands Deutscher Psychologinnen und Psychologen e. V. Die Schüler:innen wurden zu Beginn über die Anonymität und Freiwilligkeit der Studienteilnahme aufgeklärt. Die Schüler:innen erhielten direkt vor der Durchführung des SPuR-Präventionsprogramms (Prätest), direkt danach (Posttest) und 1,5 Wochen später (Follow-up-Test) je einen *paper–pencil* Fragebogen, der in Einzelarbeit im Klassenraum ausgefüllt wurde. Die Messinstrumente waren über alle drei Messzeitpunkte hinweg nahezu identisch. Im Prätest wurden zusätzlich deskriptive Daten zur Stichprobe erfasst, der Posttest beinhaltete auch Maße zur Erfassung der Programmzufriedenheit.

Stichprobe

Es nahmen insgesamt 190 Schüler:innen der sechsten und siebten Jahrgangsstufe am SPuR-Präventionsprogramm teil. In die Evaluationsstudie wurden ausschließlich Schüler:innen eingeschlossen, die drei Kriterien erfüllten: (1) Ein Einverständnis der Eltern zur Teilnahme an der Studie lag vor. (2) Die Schüler:innen nahmen zu allen drei Messzeitpunkten an der Studie teil. (3) Die Bearbeitung der Fragebögen erfolgte nach Selbstangabe gewissenhaft. Damit ergab sich eine finale Stichprobe von 132 Schülern/Schülerinnen (58,3 % weiblich, $M = 12,1$ Jahre, $SD = 0,64$, $Range = 11$–13 Jahre). Die meisten Schüler:innen (94 %) gaben Deutsch als Muttersprache an.

Insgesamt 1,5 % der Schüler:innen (2 Personen) gaben an, in den letzten sechs Monaten mindestens ein freizügiges Foto über soziale Medien versendet zu haben, 9,1 % (12

Personen) berichteten, in den letzten sechs Monaten mindestens ein freizügiges Foto erhalten zu haben. 0,8 % der Schüler:innen (eine Person) gaben an, in den letzten sechs Monaten mindestens ein freizügiges Foto einer anderen Person weitergeleitet zu haben. Einen festen Freund oder eine feste Freundin zu haben, gaben 19,7 % der Schüler:innen (26 Personen) an.

Instrumente

Zufriedenheit mit dem SPuR-Präventionsprogramm Die Schüler:innen konnten eine Schulnote für das Programm vergeben, um eine allgemeine Bewertung vorzunehmen (1 = „sehr gut" bis 6 = „ungenügend"). Für eine differenziertere Bewertung der Programmzufriedenheit (Ebene der Reaktion) beurteilten die Schüler:innen Aussagen auf einer fünf-stufigen Skala (von 1 = „ich stimme gar nicht zu" bis 5 = „ich stimme voll zu"). Diese Aussagen gehörten zu unterschiedlichen Skalen. Die Skala *Allgemeine Zufriedenheit* (6 Items, Cronbachs $\alpha = {,}87$) erfasste die generelle Zufriedenheit mit dem Programm (z. B. „Insgesamt bin ich mit dem Workshop zufrieden", adaptiert von Muck et al., 2018). Die Skala *Wahrgenommene Mitarbeit der Schüler:innen* (3 Items, Cronbachs $\alpha = {,}76$) erfasste die durch die Schüler:innen wahrgenommene Beteiligung der anderen Schüler:innen am Programm (z. B. „Die meisten Schüler:innen brachten sich aktiv ein"). Die Skala *Meinung über die Abwesenheit einer Lehrkraft* (3 Items, Cronbachs $\alpha = {,}70$) erfasste die Einstellung der Schüler:innen dazu, dass das Programm durch externe Fachkräfte durchgeführt wurde (z. B. „Ich fand es gut, dass Personen das Programm gemacht haben, die keine Lehrkräfte sind").

Einstellung zu Privatsphäre im Internet und Sexting Die Einstellung zu Privatsphäre im Internet und Sexting wurde mithilfe von neun Items erhoben und auf einer fünf-stufigen Skala (von 1 = „ich stimme gar nicht zu" bis 5 = „ich stimme voll zu") eingeschätzt. Mithilfe einer explorativen Faktorenanalyse ergaben sich die Skalen *Einstellung zu Privatsphäre im Internet* (3 Items, Cronbachs $\alpha = {,}80$) und *Einstellung zu Sexting* (3 Items, Cronbachs $\alpha = {,}72$). Die jeweiligen Items der Skalen wurden zu je einem Skalenmittelwert zusammengefasst.

Objektiver Wissenszuwachs Der objektive Wissenszuwachs wurde mit 25 True–False-Aufgaben erfasst (z. B. „Wenn jemand mit meiner Zustimmung ein Foto von mir macht, gebe ich die Rechte am Bild ab."; dichotomes Antwortformat, 0 = falsch, 1 = richtig). Die Itemschwierigkeiten lagen zwischen ,20 und ,95. Vier Aufgaben wurden aufgrund einer Itemschwierigkeit über dem Wert ,8 ausgeschlossen, sodass in den finalen Analysen insgesamt 21 Aufgaben berücksichtigt wurden.

Subjektiver Wissenszuwachs Der subjektive Wissenszuwachs konnte im Posttest mit zwei Items („Ich habe in dem Workshop etwas gelernt", „Ich habe das Gefühl, dass ich jetzt nach dem Workshop mehr über Sexting weiß.") auf einer fünf-stufigen Skala (von 1 = „ich stimme gar nicht zu" bis 5 = „ich stimme voll zu") eingeschätzt werden.

Verhaltensstrategien im Umgang mit Sexting und Safer Sexting Um Effekte auf Verhaltensebene zu messen, erhielten die Schüler:innen zu allen Messzeitpunkten drei Fallvignetten. Die Fallvignetten beschrieben hypothetische Szenarien und beinhalteten offene Fragen am Ende, die die Schüler:innen frei beantworten konnten. Die ersten beiden Fallvignetten prüften das Wissen der Schüler:innen zu den HELP-Strategien (Abschn. 4.7.1). Die dritte Fallvignette sollte Strategien zum verantwortungsbewussten Umgang mit Sexting (Safer Sexting) abfragen. Ausführliche Informationen zu den Fallvignetten finden sich in Nestler et al. (2022). Zur Auswertung der Fallvignetten wurden die Antworten der Schüler:innen anhand eines Kategoriensystems quantitativ inhaltsanalytisch ausgewertet. Das Kategoriensystem bildete in seinen Kategorien die HELP-Strategien ab und enthielt noch Kategorien für weitere, nicht-konstruktive Strategien.

3.7.3 Ergebnisse

Reaktion
Die Schüler:innen drückten in der Skala *allgemeine Zufriedenheit* im Schnitt eine hohe Zufriedenheit aus ($M = 4{,}0$, $SD = 0{,}7$). Sie bewerteten das SPuR-Präventionsprogramm durchschnittlich mit der Schulnote 2,0 ($SD = 0{,}7$), was der Note „Gut" im deutschen Schulsystem entspricht. Die Zufriedenheitswerte unterschieden sich nicht signifikant zwischen den Jahrgangsstufen ($p_{Zufriedenheit} = {,}51$; $p_{Schulnote} = {,}21$) und zwischen den Geschlechtern ($p_{Zufriedenheit} = {,}22$; $p_{Schulnote} = {,}12$). In der Skala *Wahrgenommene Mitarbeit der Schüler:innen* gaben sie an, dass ihre Mitschüler:innen teilweise gut und teilweise weniger gut mitarbeiteten ($M = 3{,}3$, $SD = 0{,}9$). In der Skala *Meinung über die Abwesenheit einer Lehrkraft* drückten die Schüler:innen aus, dass sie es befürworten, dass externe Trainingskräfte das SPuR-Präventionsprogramm durchführen ($M = 4{,}2$, $SD = 0{,}8$).

Lernen
Einstellung zu Sexting und Privatsphäre im Internet Die Ergebnisse einer einfaktoriellen Varianzanalyse mit Messwiederholung zeigten eine signifikante Einstellungsänderung der Schüler:innen zu Sexting, $F(1{,}92) = 33{,}06$, $p < {,}001$, $\eta_p^2 = {,}205$. Bonferroni-korrigierte paarweise Vergleiche zeigten, dass der Unterschied zwischen Prä- und Posttest, sowie zwischen Prä- und Follow-up-Test entstand, jeweils $p < {,}001$. Die Einstellung zu Sexting war nach der Programmteilnahme weniger kritisch als zuvor, aber dennoch kritisch. Der Effekt zeigte sich unabhängig von Jahrgangsstufe und Geschlecht der Schüler:innen, jeweils $p < {,}01$.

Für die Einstellung zur Privatsphäre im Internet zeigte sich nach der Programmteilnahme keine signifikante Veränderung, $F(2) = 0{,}32$, $p = {,}74$, $\eta_p^2 = {,}003$. Dieses Ergebnis zeigte sich unabhängig von Jahrgangsstufe und Geschlecht der Schüler:innen, jeweils $p > {,}05$.

3.7 Evaluationsstudie 2: Evaluation der Wirksamkeit des Programms

Wissenstest Eine einfaktorielle Varianzanalyse mit Messwiederholung erbrachte den Befund, dass es einen signifikanten Unterschied bezogen auf das Wissen über die Messzeitpunkte gab, $F(1,72) = 96{,}58$, $p < {,}001$, $\eta_p^2 = {,}442$. Bonferroni-korrigierte paarweise Vergleiche zeigten, dass das Wissen über Sexting und Bildrechte im Post- und im Follow-up-Test signifikant höher war als im Prätest. Die Ergebnisse sind in Abb. 3.2 visualisiert. Die Erhöhung war unabhängig von Geschlecht und Jahrgangsstufe, jeweils $p < {,}001$.

Subjektiver Wissenszuwachs Der subjektive Wissenszuwachs wurde durch zwei Aussagen im Posttest ermittelt. Die Schüler:innen drückten eine hohe Zustimmung zu den Aussagen aus, dass sie etwas gelernt haben ($M = 4{,}2$, $SD = 1{,}0$) und dass sie nach dem Workshop das Gefühl haben, mehr über Sexting zu wissen ($M = 4{,}3$, $SD = 1{,}0$).

Verhalten
Die Anzahl der Nennungen von HELP-Strategien wurde mithilfe von Varianzanalysen mit Messwiederholung für die Fallvignetten verglichen. Die Jahrgangsstufe und das Geschlecht wurden als zusätzliche Variablen berücksichtigt. Für die erste Frage der ersten Fallvignette zeigte sich ein signifikanter Unterschied in der Häufigkeit der Nennung von HELP-Strategien zwischen den Messzeitpunkten, $F(2, 256) = 14{,}89$, $p < {,}001$, $\eta_p^2 = {,}104$. Paarweise Vergleiche zeigten, dass die Anzahl der Nennungen von HELP-Strategien nach der Programmteilnahme sowohl im Follow-up- als auch im Posttest höher war als im Prätest.

Die Anzahl der Nennungen von HELP-Strategien zur zweiten Frage der ersten Fallvignette unterschied sich signifikant, $F(1{,}76,\ 225{,}08) = 4{,}41$, $p = {,}017$, $\eta_p^2 = {,}060$. Die

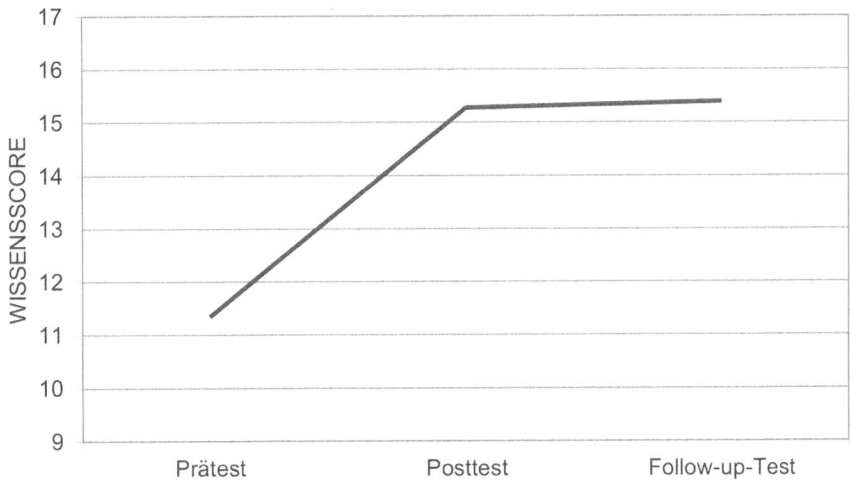

Abb. 3.2 Wissenszuwachs über die drei Messzeitpunkte

paarweisen Vergleiche zeigten eine signifikante Zunahme vom Prä- zum Follow-up-Test. Die Berechnung für die zweite Fallvignette zeigte keinen Haupteffekt. Es zeigte sich ein signifikanter Interaktionseffekt zwischen Messzeitpunkt, Jahrgangsstufe und Geschlecht, $F(1,88, 240,81) = 7,00$, $p = ,001$, $\eta_p^2 = ,052$. Die deskriptiven Daten deuteten darauf hin, dass die Anzahl genannter konstruktiver Strategien bei den weiblichen Teilnehmerinnen der siebten Jahrgangsstufe über die Messzeitpunkte hinweg zunahm, während sie bei den weiblichen Teilnehmerinnen der Jahrgangsstufe 6 leicht abnahm.

Bei der dritten Fallvignette zeigten sich zwischen den Messzeitpunkten signifikante Unterschiede in der Häufigkeit der Nennungen von Safer-Sexting-Strategien, $F(2,256) = 11,03$, $p < ,001$, $\eta_p^2 = ,79$. Paarweise Vergleiche zeigten eine signifikante Zunahme der Nennungen von Safer-Sexting-Strategien im Post- und im Follow-up-Test im Vergleich zum Prätest. Es gab zudem einen signifikanten Interaktionseffekt zwischen Messzeitpunkt und Jahrgangsstufe, $F(2,256) = 4,50$, $p = ,012$, $\eta_p^2 = ,034$. Deskriptiven Daten zeigten, dass die Anzahl der Nennungen konstruktiver Strategien über die Messzeitpunkt bei den Schülern/Schülerinnen der Jahrgangsstufe sieben stärker anstiegen als bei den Schülern/Schülerinnen der Jahrgangsstufe 6. Für eine ausführlichere Darstellung der Ergebnisse siehe Nestler et al. (2022).

3.7.4 Schlussfolgerungen/Praktische Implikationen

Die Ergebnisse der summativen Evaluation liefern Hinweise für positive Effekte und deuten auf die Wirksamkeit des SPuR-Präventionsprogramms hin.

Es zeigte sich eine hohe Programmzufriedenheit der teilnehmenden Schüler:innen. Die Schüler:innen wussten nach der Programmteilnahme mehr zu den Themen Sexting und Privatsphäre im Internet. Sie erweiterten ihr Repertoire an HELP-Strategien und Strategien zum verantwortungsbewussten Umgang mit Sexting. Ihre Einstellung zu Sexting war nach der Teilnahme etwas weniger kritisch, entsprach aber noch einer neutralen Haltung gegenüber Sexting. Die Einstellung zu Privatsphäre im Internet wurde nicht verändert.

Da das SPuR-Präventionsprogramm im Sinne des Normalitätsansatzes nicht das Ziel verfolgt, per se eine kritische Einstellung gegenüber Sexting zu fördern, sondern Jugendliche zu einem risikobewussten und verantwortungsvollen Umgang mit Sexting anzuregen (vor allem im Sinne einer kritischen Einstellung zum Weiterleiten), ist das Ergebnis differenziert zu betrachten. Als Ergebnis der Evaluation wurde das Programm inhaltlich erweitert, um den risikobewussten Umgang mit Sexting noch besser zu fördern. Insbesondere wurden die Risiken von Sexting intensiver im Programm berücksichtigt

(Abschn. 4.5.3). Darüber hinaus wurde eine zusätzliche Übung zur digitalen Selbstdarstellung im Internet ergänzt (Abschn. 4.3.3).

Die Ergebnisse zur Zufriedenheit, zum Wissen und zu den Einstellungen der Schüler:innen unterschieden sich nicht zwischen den Jahrgangsstufen und dem Geschlecht. Bei der Betrachtung des Repertoires an HELP-Strategien gab es Hinweise auf eine höhere Wirksamkeit des Programms in der siebten Jahrgangsstufe. Es könnte daher sinnvoll sein, das SPuR-Präventionsprogramm frühestens im zweiten Halbjahr der sechsten Jahrgangsstufe einzusetzen. Die meisten Schüler:innen gaben an, noch keine Erfahrungen mit Sexting gemacht zu haben, was das SPuR-Programm als präventive Maßnahme zu diesem Zeitpunkt legitimiert.

Die Befunde dieser Studie sind vor dem Hintergrund einiger Limitationen zu betrachten: Der Follow-up-Zeitpunkt fand aufgrund schulinterner, terminlicher Rahmenbedingungen schon 1,5 Wochen nach der Durchführung des SPuR-Präventionsprogramms statt. Die Veränderungen auf Lern- und Verhaltensebene können daher nur als kurzfristige Veränderungen in der Interventionsgruppe bewertet werden. Auch die Stichprobe war aufgrund des Einzugsgebietes der Schüler:innen eher homogen.

Diese Zielerreichungsstudie lieferte erste Ergebnisse zur Zufriedenheit, zum Wissenszuwachs und zum Zuwachs an Handlungskompetenzen im Umgang mit einer Veröffentlichung freizügiger Fotos nach Teilnahme am SPuR-Präventionsprogramm. Um die Beweiskraft der Ergebnisse zu erhöhen, wurde unter Anwendung eines Interventions-(Warte-)Kontrollgruppendesigns die Evaluationsstudie 3 durchgeführt. Für diese Studie wurden Schulen aus anderen sozio-demographischen Einzugsgebieten ausgewählt, als in der Evaluationsstudie 2.

3.8 Evaluationsstudie 3: Evaluation der Wirksamkeit des Programms

3.8.1 Ziele und Fragestellung

Als dritte Evaluationsstudie wurde eine Interventionsstudie durchgeführt. Ziel dieser Studie war es, die Wirksamkeit des SPuR-Präventionsprogramms in einem Interventionsgruppen-(Warte-)Kontrollgruppen-Design zu prüfen. Die dritte Evaluationsstudie orientierte sich an den ersten beiden Ebenen des nutzenorientierten Evaluationsmodells nach Kirkpatrick und Kirkpatrick (2006). Auf Basis der Ergebnisse der Evaluationsstudie 1 kam bei der Durchführung des SPuR-Präventionsprogramms ein angepasstes und erweitertes Durchführungsmanual (Kap. 4) zum Einsatz.

Für die Studie ergaben sich folgende Fragestellungen:

1. Sind die Schüler:innen mit dem SPuR-Präventionsprogramm zufrieden? *(Ebene der Reaktionen)*
2. Berichten die Schüler:innen von einem subjektiv wahrgenommenen Lernzuwachs? (subjektiver Wissenszuwachs, *Ebene des Lernens*)
3. Erweitern die Schüler:innen ihr Wissen zu den Themen Sexting und Bildrechte durch die Teilnahme am SPuR-Präventionsprogramm im Vergleich zur (Warte-)Kontrollgruppe? (objektiver Wissenszuwachs, *Ebene des Lernens*)
4. Verringern sich bei den Schülern/Schülerinnen durch die Teilnahme am SPuR-Präventionsprogramm schuldzuweisende Einstellungen gegenüber Personen, deren freizügige Fotos ungewollt verbreitet wurden im Vergleich zur (Warte-)Kontrollgruppe? („Victim-Blaming"-Einstellungen, *Ebene des Lernens*)

Zusätzlich wurde die differenzielle Wirksamkeit des Programms bei Jungen und Mädchen sowie in den verschiedenen Schulstufen untersucht. Daraus ergaben sich folgende weitere Fragestellungen:

5. Ist das Programm gleichermaßen wirksam für weibliche und männliche Schüler:innen?
6. Ist das Programm gleichermaßen wirksam für Schüler:innen der siebten und achten Jahrgangsstufe?

3.8.2 Methode

Design und Durchführung

Um die Wirksamkeit des SPuR-Präventionsprogramms prüfen zu können, wurde ein Interventionsgruppen-(Warte-)Kontrollgruppen-Design gewählt und Daten an zwei Messzeitpunkten (Prätest, Posttest) erhoben. Der Prätest fand für die Interventions- und die (Warte-)Kontrollgruppe ca. eine Woche vor Durchführung des SPuR-Präventionsprogramms statt. Den Posttest bearbeiteten die Schüler:innen der Interventionsgruppe direkt nach der Teilnahme am SPuR-Präventionprogramm. Die Schüler:innen der (Warte-)Kontrollgruppe bearbeiteten vor der Durchführung des SPuR-Präventionsprogramms den zweiten Fragebogen (Posttest). Danach erhielten auch die Schüler:innen der (Warte-)Kontrollgruppe das SPuR-Präventionsprogramm. Nach Programmteilnahme evaluierten auch die Schüler:innen der (Warte-)Kontrollgruppe die Zufriedenheit mit dem Programm. Die Umsetzung des SPuR-Präventionsprogramms erfolgte durch vier Multiplikatoren/Multiplikatorinnen, die über ein abgeschlossenes Bachelorstudium in Psychologie, ein fortgeschrittenes Studium im Psychologie-Masterstudienschwerpunkt „Lernen, Entwicklung und Beratung" sowie einschlägige berufliche Vorerfahrungen in pädagogischen, schulpsychologischen oder weiteren beratungsbezogenen Bereichen verfügten. Die Teilnahme der Schüler:innen am SPuR-Präventionsprogramm war Teil des Unterrichts. Die Schüler:innen wurden über die Freiwilligkeit der Teilnahme an der

Evaluationsstudie und zum Datenschutz informiert. Sie konnten jederzeit und ohne Angabe von Gründen die Teilnahme ablehnen oder den Fragebogen vorzeitig abbrechen, ohne dass ihnen daraus Nachteile entstanden. Auch durften sie sich bei einzelnen Fragen einer Antwort enthalten. Das Einverständnis der Sorgeberechtigten wurde vorab eingeholt und war Voraussetzung für die Teilnahme an der Befragung. Die im Rahmen der Evaluationsstudie erhobenen Daten wurden pseudonymisiert erfasst.

Stichprobe
Insgesamt 154 Schüler:innen der Jahrgangsstufen 7 und 8 nahmen am SPuR-Präventionsprogramm teil. An der Evaluationsstudie beteiligten sich nur Schüler:innen, deren Eltern ihr aktives Einverständnis gegeben hatten. Für die Analysen wurden zudem nur die Daten jener Schüler:innen berücksichtigt, die sich an beiden Messzeitpunkten beteiligten und die Bearbeitung der Fragebögen als gewissenhaft bestätigten. Die in die Analysen eingehende Gesamtstichprobe bestand somit aus 144 Schüler:innen (52 % weiblich; $M_{Alter} = 13{,}00$, $SD_{Alter} = 0{,}76$, $Altersrange = 11\text{--}14$ Jahre). Davon besuchten 76 Schüler:innen die Jahrgangsstufe 7 und 68 Schüler:innen die Jahrgangsstufe 8. Deutsch als Muttersprache gaben 93 % der teilnehmenden Schüler:innen an.

Insgesamt berichteten 1,4 % der Schüler:innen (2 Personen), in den letzten sechs Monaten ein freizügiges Foto versendet zu haben, 18,8 % der Schüler:innen (27 Personen) gaben an, ein freizügiges Foto erhalten zu haben und 0,7 % der Schüler:innen (1 Person) leiteten nach eigener Angabe ein freizügiges Foto von jemanden weiter. Die Frage nach einem festen Freund oder einer festen Freundin bejahten 12 % der befragten Schüler:innen (19 Personen).

Interventionsgruppe Der Interventionsgruppe wurden 73 Schüler:innen aus drei Klassen zugeteilt (44 % weiblich; $M_{Alter} = 12{,}69$, $SD_{Alter} = 0{,}69$, $Altersrange = 12\text{--}14$ Jahre). Davon besuchten 57 die Jahrgangsstufe 7 (78 %) und 16 Schüler:innen (22 %) die Jahrgangsstufe 8. Deutsch als Muttersprache gaben 90,3 % der Schüler:innen in der Interventionsgruppe an, 1,4 % (eine Person) gaben an, in den letzten sechs Monaten ein freizügiges Foto versendet zu haben, 19,7 % (14 Personen) eines erhalten zu haben. Niemand gab an, ein freizügiges Foto weitergeleitet zu haben. 12 % der Schüler:innen aus der Interventionsgruppe (9 Personen) bestätigten, einen festen Freund oder eine feste Freundin zu haben.

(Warte-)Kontrollgruppe Der (Warte-)Kontrollgruppe wurden 71 Schüler:innen aus drei Klassen zugeteilt (31 % weiblich; $M_{Alter} = 13{,}31$, $SD_{Alter} = 0{,}71$, $Altersrange = 11\text{--}14$ Jahre). Davon besuchten 19 dieser Schüler:innen die Jahrgangsstufe 7 (26,8 %) und 52 Schüler:innen (73,2 %) die Jahrgangsstufe 8. Deutsch als Muttersprache gaben 95,8 % der Schüler:innen (68 Personen) in der (Warte-)Kontrollgruppe an.

Bezüglich der Vorerfahrung mit Sexting gaben in der (Warte-)Kontrollgruppe 1,4 % der Schüler:innen (eine Person) an in den letzten sechs Monaten mindestens ein freizügiges Foto versendet zu haben. 18,6 % (13 Personen) berichteten, ein solches empfangen zu haben und 1,4 % (eine Person) gaben an eines weitergeleitet zu haben. 11 % der Schüler:innen (8 Personen) gaben an einen festen Freund oder eine feste Freundin zu haben.

Unterschiede zwischen (Warte-)Kontrollgruppe und Interventionsgruppe Es zeigte sich ein signifikanter Altersunterschied zwischen den Schülern/Schülerinnen der Interventionsgruppe und der (Warte-)Kontrollgruppe, X^2 (3, *142*) = 28,274, $p < ,001$.

Es zeigten sich keine signifikanten Unterschiede zwischen den Schülern/Schülerinnen der (Warte-)Kontrollgruppe und der Interventionsgruppe in Bezug auf das Geschlecht, sowie auf die Vorerfahrung mit Sexting (alle $p > ,01$).

Instrumente

Zufriedenheit mit dem SPuR-Präventionsprogramm Die Schüler:innen vergaben eine Schulnote für das Programm (1 = „sehr gut" bis 6 = „ungenügend"), um ihre Gesamtzufriedenheit auszudrücken. Zusätzlich beurteilten die Schüler:innen für die Erhebung der Programmzufriedenheit Aussagen auf einer fünf-stufigen Skala (von 1 = „ich stimme gar nicht zu" bis 5 = „ich stimme voll zu"). Diese Aussagen waren unterschiedlichen Skalen zugeordnet. Die Skala *Allgemeine Zufriedenheit* (7 Items, Cronbachs $\alpha = ,82$) erfasste die generelle Zufriedenheit mit dem Programm (z. B. „Ich würde den SPuR-Projekttag Mitschülern/Mitschülerinnen weiterempfehlen"). Die Skala *Zufriedenheit mit teilnehmenden Schüler:innen* (2 Items, Cronbachs $\alpha = ,71$) maß die durch die Schüler:innen wahrgenommene Beteiligung am Programm (z. B. „Die meisten Schüler:innen arbeiteten gut mit", von 1 = „ich stimme gar nicht zu" bis 5 = „ich stimme voll zu"). Die Skala *Meinung über die Abwesenheit einer Lehrkraft* (2 Items, Cronbachs $\alpha = ,87$) erfasste die Einstellung der Schüler:innen dazu, dass das Programm durch externe Fachkräfte durchgeführt wurde (z. B. „Ich fand es gut, dass Personen den SPuR-Projekttag gemacht haben, die keine Lehrkräfte sind", von 1 = „ich stimme gar nicht zu" bis 5 = „ich stimme voll zu"). In dieser Studie wurde zusätzlich die Skala *Negative Erfahrungen mit dem Präventionsprogramm* (2 Items, Cronbachs $\alpha = ,57$) aufgenommen. Diese erfasst, ob die Schüler:innen schlechte Erfahrungen mit dem Präventionsprogramm gemacht haben (z. B. „Die Teilnahme am SPuR-Projekttag war mir unangenehm", von 1 = „ich stimme gar nicht zu" bis 5 = „ich stimme voll zu").

Objektiver Wissenszuwachs Der objektive Wissenszuwachs wurde mit 20 True–False-Aufgaben erfasst (z. B. „Wenn jemand mit meiner Zustimmung ein Foto von mir macht, gebe ich die Rechte am Bild ab."; dichotomes Antwortformat, 0 = falsch, 1 = richtig). Eine Aufgabe wurde aus inhaltlichen Gründen ausgeschlossen („Ich mache mich strafbar, wenn ich ein freizügiges Foto erhalte und es nicht sofort lösche."), da diese Frage aufgrund der Alterszusammensetzung dieser Stichprobe (11–14 Jahre) nicht mehr eindeutig richtig oder falsch zu beantworten war. In den finalen Analysen wurden somit insgesamt 19 Aufgaben berücksichtigt.

3.8 Evaluationsstudie 3: Evaluation der Wirksamkeit des Programms

Subjektiver Wissenszuwachs Der subjektive Wissenszuwachs konnte im Posttest mit einem Item („Ich habe während des SPuR-Projekttages etwas gelernt") auf einer fünfstufigen Skala (von 1 = „ich stimme gar nicht zu" bis 5 = „ich stimme voll zu") eingeschätzt werden.

Victim Blaming Victim Blaming wurde mit sechs Items (adaptiert nach der Skala *Victim Blaming Beliefs in the Context of Non-Consensual Forwarding of Sexts*, Maes et al., 2023; z. B. „Wer ein freizügiges Foto von sich verschickt, hat sowieso schon einen schlechten Ruf.") und zwei Items aus Nestler et al. (2022) gemessen (z. B. Wer ein freizügiges Foto von sich versendet, trägt selbst die Verantwortung, was damit passiert.). Die acht Items konnten in dieser Studie auf einer fünf-stufigen Skala (von 1 = „ich stimme gar nicht zu" bis 5 = „ich stimme voll zu") eingeschätzt werden. Eine explorative Faktorenanalyse (KMO = ,86, Hauptachsenanalyse) bestätigte eine 1-Faktorlösung auf Basis des Screeplots und des Eigenwertkriteriums > 1 für die Victim Blaming Skala (Cronbachs α = ,86).

3.8.3 Ergebnisse

Reaktion
Für alle Skalen wurde berechnet, ob signifikante Unterschiede zwischen den Geschlechtern oder den Jahrgangsstufen bestehen. Diese werden im Folgenden berichtet, wenn sie signifikant waren.

Im Mittel vergaben die Schüler:innen der Interventionsgruppe und der (Warte-) Kontrollgruppe, nachdem diese auch das Programm durchlaufen sind, für das Präventionsprogramm die Schulnote $M = 2,1$ ($SD = 1,0$). Die allgemeine Zufriedenheit mit dem Programm war hoch ($M = 4,3$, $SD = 0,6$). Die Schüler:innen aus der 7. Klasse waren signifikant zufriedener mit dem Programm als die Schüler:innen aus der 8. Klasse, $F(1, 119) = 8,11$, $p = ,005$. Die Zufriedenheit damit, wie gut die anderen Schüler:innen teilnahmen, war hoch ($M = 3,6$, $SD = 0,8$). Die Schüler:innen fanden es gut, dass das Präventionsprogramm von externen Fachkräften durchgeführt wurde ($M = 4,4$, $SD = 0,8$). Die weiblichen Teilnehmerinnen bewerteten dies noch positiver als die männlichen, $F(1, 123) = 4,13$, $p = ,044$. Die Teilnahme an dem Präventionsprogramm fanden die Schüler:innen im Durchschnitt eher nicht unangenehm ($M = 2,0$, $SD = 0,8$).

Lernen
Für die Analyse des Lernzuwachses durch das Präventionsprogramm konnten 143 Schüler:innen berücksichtigt werden. Ein:e Schüler:in hat diesen Fragebogenteil im Posttest nicht bearbeitet und konnte nicht berücksichtigt werden.

Subjektiver Wissenszuwachs Der subjektive Wissenszuwachs wurde im Posttest von den Schülern/Schülerinnen hoch bewertet ($M = 4,2$, $SD = 1,0$).

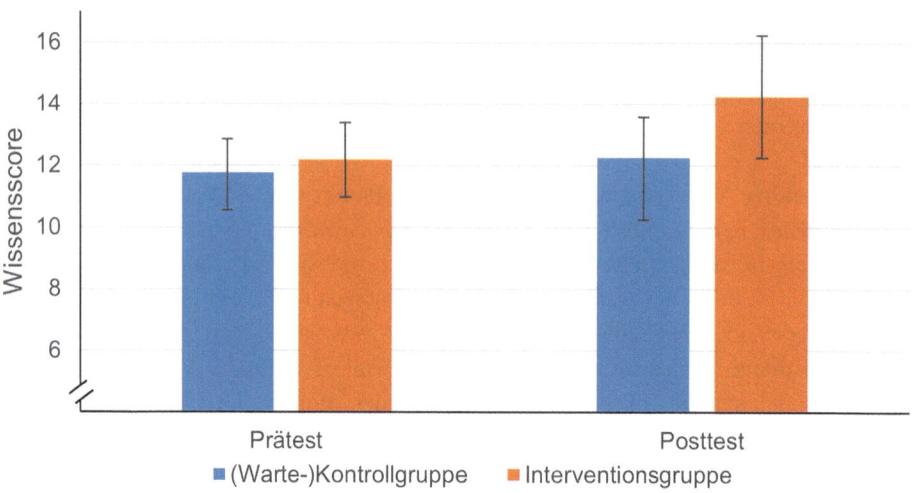

Abb. 3.3 Wissenszuwachs (Warte-)Kontrollgruppe vs. Interventionsgruppe

Objektiver Wissenszuwachs Der objektive Wissenszuwachs wurde mithilfe einer Varianzanalyse mit Messwiederholung berechnet. Es zeigte sich ein signifikanter Wissenszuwachs durch das Präventionsprogramm in der Interventionsgruppe im Vergleich zur (Warte-)Kontrollgruppe, $F(1, 139) = 4{,}60$, $p = {,}034$, $\eta^2 = {,}032$. Bei der Analyse wurden sowohl das Geschlecht als auch die Jahrgangsstufe der Schüler:innen als Kovariaten mit einbezogen und waren nicht signifikant ($p > {,}05$). Abb. 3.3 zeigt die

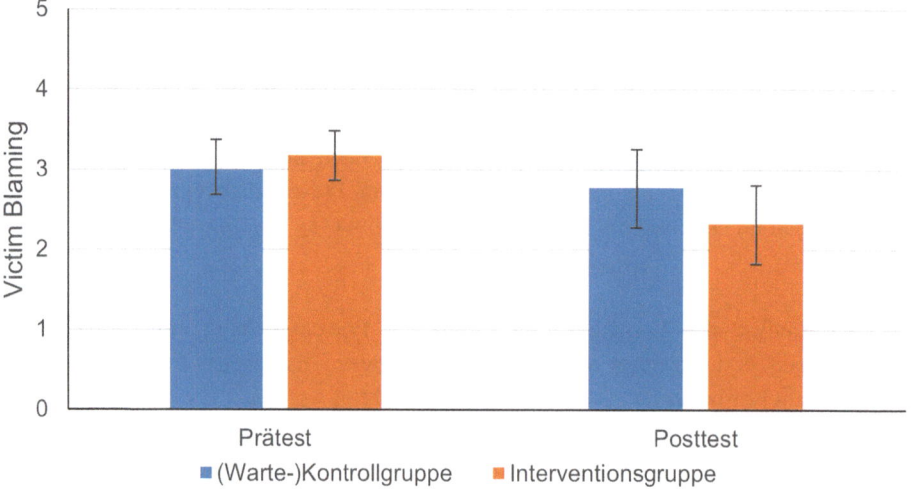

Abb. 3.4 Veränderung Victim Blaming

absoluten Wissenswerte der Interventions- und der (Warte-)Kontrollgruppe zu beiden Messzeitpunkten (inklusive der Standardabweichung).

Victim Blaming Einstellungen Zur Analyse von Veränderungen in den Victim Blaming Einstellungen wurden Varianzanalysen mit den Faktoren Messzeitpunkt und Gruppe durchgeführt. Geprüft wurden Veränderungen in Abhängigkeit des Messzeitpunkts, Unterschiede zwischen Interventions- und (Warte-)Kontrollgruppe und Interaktionseffekte in Bezug auf die Jahrgangsstufe und das Geschlecht. Die Analysen zeigten, dass sich die Victim Blaming Einstellungen im Posttest im Vergleich zum Prätest verringerten, $F(1,141) = 20{,}14$, $p < {,}001$, $\eta^2 = {,}125$ (Haupteffekt für Messzeitpunkt). Es zeigte sich auch eine Reduktion der Victim Blaming Einstellungen durch Teilnahme am SPuR-Präventionsprogramm. In der Interventionsgruppe konnte im Vergleich zur (Warte-)Kontrollgruppe eine signifikante Verringerung der Victim Blaming Einstellungen nach der Programmteilnahme festgestellt werden, $F(1, 141) = 14{,}21$, $p < {,}001$, $\eta^2 = {,}092$ (Interaktionseffekt Messzeitpunkt x Gruppe) (siehe Abb. 3.4 für die Veränderung in den Skalenmittelwerten für Victim Blaming inklusive der Angabe der Standardabweichung). Zudem erbrachten die Analysen das Ergebnis, dass die Victim Blaming Einstellungen bei den Mädchen insgesamt geringer ausgeprägt waren, als bei den Jungen, $F(1,141) = 8{,}31$, $p < {,}005$, $\eta^2 = {,}056$ (Haupteffekt für Kovariate Geschlecht). Die Jahrgangsstufe der Schüler:innen wurde ebenfalls als Kovariate einbezogen. Hier zeigten sich aber weder ein Haupteffekt noch Interaktionseffekte ($p > {,}05$).

3.8.4 Schlussfolgerungen/Praktische Implikationen

In der Evaluationsstudie zeigte sich, dass die Schüler:innen mit dem SPuR-Präventionsprogramm zufrieden waren. Der signifikante Unterschied in der Gesamtzufriedenheit zwischen den Jahrgangsstufen könnte ein Hinweis darauf sein, dass der Einsatz des SPuR-Präventionsprogramms in der 7. Jahrgangsstufe sinnvoller ist als in der 8. Jahrgangsstufe. Eine mögliche Erklärung könnte das Fortschreiten der Pubertät in der 8. Klasse sein. Dies könnte dazu führen, dass die Schüler:innen Schwierigkeiten damit haben könnten, sich ernsthaft auf das Thema einzulassen.

Es zeigte sich, dass die Schüler:innen, insbesondere die Mädchen, die Durchführung des SPuR-Präventionsprogramms durch eine externe Fachkraft gut fanden. Als Empfehlung für die Umsetzung wäre daher denkbar, dass das Programm entweder von externen Fachkräften oder von Lehrkräften, die nicht in der betreffenden Klasse unterrichten, durchgeführt wird.

Auf der Ebene des Lernens zeigte sich ein signifikanter Wissenszuwachs über Sexting und Bildrechte durch die Teilnahme am SPuR-Präventionsprogramm im Vergleich zu Schüler:innen, die nicht teilgenommen hatten. Außerdem hatten die Schüler:innen auch subjektiv das Gefühl, etwas gelernt zu haben. Das SPuR-Präventionsprogramm erwies sich somit auf dieser Ebene als effektiv. Das SPuR-Präventionsprogramm scheint auch

Victim-Blaming Einstellungen zu reduzieren. Schüler:innen, die in der Interventionsgruppe an der Studie teilnahmen, machten danach weniger die Sender:innen dafür verantwortlich, wenn deren Fotos ungewollt verbreitet wurden. Schuldzuweisende Einstellungen wurden weniger berichtet, als in der (Warte-)Kontrollgruppe. Auf diese Veränderung zielt das SPuR-Präventionsprogramm auch ab.

Insgesamt liefern die Ergebnisse der drei Evaluationen Belege dafür, dass das SPuR-Programm ein sinnvolles Instrument zur Prävention der missbräuchlichen Verbreitung von freizügigen Fotos im Internet ist.

Literatur

Borke, J., Schiller, E.-M., Schöllhorn, A., & Kärtner, J. (2015). *Kultur, Entwicklung, Beratung. Kultursensitive Therapie und Beratung für Familien mit Säuglingen und Kleinkindern.* Vandenhoeck & Ruprecht.

Bransford, J. D., Sherwood, R. D., Hasselbring, T. S., Kinzer, C. K., & Williams, S. M. (1990). Anchored instruction: Why we need it and how technology can help. In D. Nix & R. J. Spiro (Hrsg.), *Cognition, education, and multimedia: Exploring ideas in high technology* (S. 115–141). Lawrence Erlbaum Associates Inc.

Cognition and Technology Group at Vanderbilt (CTGV). (1990). Anchored instruction and its relationship to situated cognition. *Educational Researcher, 9*(6), 2–10. https://doi.org/10.3102/0013189X01900600.

Cognition and Technology Group at Vanderbilt (CTGV). (1992). The Jasper Series as an example of anchored instruction: Theory, program description, and assessment data. *Educational Psychologist, 27*(3), 291–315. https://doi.org/10.1207/s15326985ep2703_3.

Kirkpatrick, D. L. & Kirkpatrick, J. D. (2006). *Evaluating training programs: The four levels* (3. Aufl.). Berrett-Koehler; McGraw-Hill.

Maes, C., Van Ouytsel, J., & Vandenbosch, L. (2023). Victim blaming and non-consensual forwarding of sexts among late adolescents and young adults. *Archives of Sexual Behavior.* https://doi.org/10.1007/s10508-023-02537-2.

Muck, C., Schiller, E.-M., Zimmermann, M., & Kärtner, J. (2018). Preventing Sexual Violence in Adolescence: Comparison of a Scientist-Practitioner Program and a Practitioner Program Using a Cluster-Randomized Design. *Journal of Interpersonal Violence, 36*(3–4), NP1913-1940NP. https://doi.org/10.1177/0886260518755488.

Nestler, C., Endres, A., & Schiller, E. M. (2022). Schulbasierte Prävention der missbräuchlichen Verbreitung freizügiger Fotos im Internet: Konzeption und Evaluation des SPuR-Programms. *Praxis der Kinderpsychologie und Kinderpsychiatrie, 71*(4), 362–383. https://doi.org/10.13109/prkk.2022.71.4.362.

Scriven, M. (1991). *Evaluation thesaurus* (4. Aufl.). Sage Publications.

Spiel, C., Gradinger, P., & Lüftenegger, M. (2010). Grundlagen der Evaluationsforschung: Basics of Evaluation Research. In H. Holling & B. Schmitz (Hrsg.), *Handbuch Statistik, Methoden und Evaluation* (S. 223–232). Hogrefe.

Westermann, R. (2002). Merkmale und Varianten von Evaluationen. *Zeitschrift für Psychologie/Journal of Psychology, 210*(1), 4–26. https://doi.org/10.1026//0044-3409.210.1.4.

Praktische Durchführung des SPuR-Präventionsprogramms

4.1 Allgemeine Hinweise zum Durchführungsmanual

Im Folgenden werden allgemeine Hinweise zur Nutzung des Durchführungsmanuals gegeben, die die Vorbereitung und praktische Umsetzung des SPuR-Präventionsprogramms unterstützen. Die Hinweise umfassen Informationen zur Struktur des Durchführungsmanuals, zu Durchführungsmodalitäten, Materialien und Hilfsmittel für die Vorbereitung sowie zu organisatorischen Rahmenbedingungen.

Manualstruktur und Durchführungsmodalitäten. Das Durchführungsmanual ist modular aufgebaut und umfasst ein Einstiegsmodul, fünf inhaltliche Module und ein Feedbackmodul. Es ist empfohlen, die Module und die darin enthaltenen Übungen in der vorgegebenen Reihenfolge umzusetzen. Die Module können an einem Projekttag oder verteilt auf mehrere Unterrichtseinheiten an unterschiedlichen Tagen bzw. Wochen durchgeführt werden. Somit ist eine flexible Programmdurchführung möglich, die sich an den zeitlichen Rahmenbedingungen und an den organisatorischen Strukturen der jeweiligen Schule oder Einrichtung der Jugendarbeit orientiert. Wird das SPuR-Präventionsprogramm verteilt auf mehrere Termine durchgeführt, sollte zu Beginn der jeweiligen Trainingseinheit eine kurze Wiederholung der Inhalte der zurückliegenden Trainingseinheit erfolgen, um das Vorwissen der Schüler:innen wieder zu aktivieren.

Für die zeitliche Umsetzung einzelner Module ist auch ein kleiner Spielraum gegeben. Die Zeitangaben sind Richtwerte, die über Erfahrungen mit der Durchführung

---

Ergänzende Information Die elektronische Version dieses Kapitels enthält Zusatzmaterial, auf das über folgenden Link zugegriffen werden kann
https://doi.org/10.1007/978-3-662-68722-2_4.

© Der/die Autor(en), exklusiv lizenziert an Springer-Verlag GmbH, DE, ein Teil von Springer Nature 2024
A. Endres et al., *Sexting, Privatsphäre und (Bild-)Rechte im Internet,*
https://doi.org/10.1007/978-3-662-68722-2_4

des SPuR-Präventionsprogramms an Schulen ermittelt wurden. Je nach Anzahl der Schüler:innen, der Beteiligungsbereitschaft und dem Vorwissensstand, können die Zeiten geringfügig abweichen. Für einige Übungen im Einstiegs- und Feedbackmodul werden verschiedene Umsetzungsvarianten vorgeschlagen, die sich für verschiedene zeitliche Rahmenbedingungen eignen.

▶ Das SPuR-Präventionsprogramm kann nicht nur Teil des Unterrichts sein. Ob als Projekt im Sommerferiencamp, als Workshop im Jugendtreff, als AG im offenen Ganztag oder als Unterrichtseinheit an der Schule – die Einsatzmöglichkeiten für das SPuR-Präventionsprogramm sind vielfältig.

Das SPuR-Präventionsprogramm kann im Schulunterricht bzw. an der Schule von Lehrkräften, weiteren schulinternen pädagogischen Fachkräften oder von schulexternen Trainingskräften im Klassenverband durchgeführt werden. An Schulen hat sich die Durchführung des SPuR-Präventionsprogramms durch Personen, die nicht gleichzeitig als Lehrkraft in der jeweiligen Klasse tätig sind, bewährt. Durch diese exklusive Rolle der Trainingskraft, fällt es den Schüler:innen laut den Ergebnissen der SPuR-Evaluationsstudien (Abschn. 3.6–3.8) leichter, sich bei den Themen des SPuR-Päventionsprogramms vertrauensvoll zu öffnen und sich an Diskussionen und Gruppenarbeiten zu beteiligen. Die Durchführung durch eine Lehrkraft, die in der Klasse unterrichtet, hat jedoch auch Vorteile. Sie kennt die Klasse in der Regel gut und steht auch nach der Durchführung als Vertrauensperson zur Verfügung oder ist bei später auftretenden Fragen und Vorkommnissen ansprechbar. Das SPuR-Präventionsprogramm kann auch im Rahmen von außerschulischen Angeboten der Jugendbildungsarbeit mit einer festen Gruppe durchgeführt werden.

Die Programmdurchführung erfolgt entweder durch eine Trainingskraft allein oder durch zwei bis drei Trainingskräfte im Team. Bei einer Durchführung mit mehreren Trainingskräften können die Aufgaben untereinander aufgeteilt werden. Im Folgenden wird einfachheitshalber immer von *einer* Trainingskraft gesprochen. In den Abschnitten mit den praktischen Durchführungshinweisen, sprechen wir Sie als Trainingskraft direkt an.

Die Teilnahme am SPuR-Präventionsprogramm verlangt von den Schülern/Schülerinnen die Auseinandersetzung mit Themen ab, die sie möglicherweise irritieren, empören, verunsichern, ängstigen oder vielleicht auch (noch) nicht betreffen und deshalb nicht interessieren. Die Trainingskraft ist deshalb angehalten, die Schüler:innen darüber zu informieren, dass die Teilnahme am SPuR-Präventionsprogramm freiwillig ist und ihre Beteiligung an einzelnen Übungen, ihre Wortbeiträge bzw. ihre Teilnahme am SPuR-Präventionsprogramm so gestaltet werden kann, wie sie es möchten. Natürlich unter der Voraussetzung, dass die Durchführung des SPuR-Programms nicht gestört wird.

4.1 Allgemeine Hinweise zum Durchführungsmanual

Vorerfahrungen mit Sexting und sexualisierter Gewalt – eine Triggerwarnung

Das SPuR-Präventionsprogramm behandelt Risiken und Folgen der Verbreitung freizügiger Fotos. Dadurch hat es auch thematische Bezüge zu (medienbasierter) sexualisierter Gewalt. Unter sexualisierter Gewalt versteht man jede sexuelle Handlung (körperlich oder nicht-körperlich), die gegen den Willen einer Person vollzogen wurde oder versucht wurde zu vollziehen. Dies schließt auch betroffene Personen ein, die nicht in der Lage sind, einer sexuellen Handlung wissentlich zuzustimmen, wie z. B. Kinder oder Menschen mit Behinderung (Basile et al., 2014). Studien zeigen, dass je nach Schweregrad, Art der sexuellen Handlungen und dem Alter der Täter:innen und der betroffenen Kinder und Jugendlichen, Prävalenzzahlen von bis zu 20 % berichtet werden (Jud et al., 2016). Es ist anzunehmen, dass sich landesweit betroffene Kinder und Jugendliche an Schulen und außerschulischen Bildungseinrichtungen befinden. Das bedeutet, dass es wahrscheinlich ist, dass einzelne Schüler:innen bereits Erfahrungen mit Formen sexualisierter Gewalt, wie z. B. mit Grenzverletzungen, sexuellen Übergriffen und sexuellem Missbrauch gemacht haben. Für diese Schüler:innen könnte eine Teilnahme am SPuR-Präventionsprogramm traumatische Erinnerungen und emotionale Reaktionen hervorrufen. Auch Schüler:innen, die bereits direkte Erfahrungen mit negativen Folgen von Sexting hatten, könnten während des SPuR-Präventionsprogramms belastet sein. Den Schülern/Schülerinnen sollte daher zu Beginn der Programmdurchführung mitgeteilt werden, dass sie auf freiwilliger Basis teilnehmen. Sollten sie sich, aufgrund von persönlichen Vorerfahrungen oder einer akuten Belastung durch die Konfrontation mit den Themen unwohl fühlen, dürfen sie ihre eigenen Grenzen beachten und sich z. B. bei Diskussionen enthalten oder den Raum verlassen. Bemerkt eine Trainingskraft, dass es einem/einer Schüler:in nicht gut geht, ist es sinnvoll, den/die Betroffene:n im Einzelgespräch auf die Beobachtung anzusprechen. Auch dann sollte es dem/der Betroffenen freigestellt werden, an dem SPuR-Präventionsprogramm weiter teilzunehmen. Darüber hinaus sollte eine Verbindung zu weiteren Unterstützungssystemen geschaffen werden. Es kann beispielsweise angeregt werden, dass betroffene Schüler:innen Unterstützung von vertrauten Personen oder professionellen Helfenden in Anspruch nehmen, wie von Eltern, Fachkräften aus dem Bereich der Schulsozialarbeit, Beratungslehrkräften oder externen Beratungsstellen.

Materialien und Hilfsmittel für die Vorbereitung. Alle Präsentationsfolien, Arbeitsblätter und Karten sind als Zusatzmaterial über den folgenden Link verfügbar: https://doi.org/10.1007/978-3-662-68722-2_4 verfügbar. Für jedes Modul gibt es einen Ablaufplan, der einen Überblick über den Ablauf des Programms gibt (Ablaufplan A-G). Bei einzelnen Übungen eignet sich für die didaktische Vermittlung der Inhalte eine Visualisierung durch vorgefertigte Plakate. Für Trainingskräfte stehen Plakate, die gedruckt werden können, online zur Verfügung. Als Alternative zu den gedruckten Plakaten, können auch selbsterstellte Tafelbilder oder Flipchart-Plakate verwendet werden. Für die Gestaltung dieser Visualisierungen finden sich einige Beispiele im elektronischen Zusatzmaterial. Das Video für Modul 3 steht als mp4-Datei online zum Download zur Verfügung. Es werden auch Formulierungsvorschläge für Instruktionen zu den Übungen angeboten. Diese helfen bei der Vorbereitung der Programmdurchführung und dienen als Anleitung und Illustration. Sie müssen aber nicht wörtlich übernommen werden. Zur Veranschaulichung der praktischen Umsetzung, enthält das Durchführungsmanual an ausgewählten Stellen auch Fotos von früheren Durchführungen mit Schulklassen.

> Die Trainingskraft benötigt zusätzlich noch folgende Materialien und technische Ausrüstung:
>
> - Kopien der Arbeitsblätter oder PDF-Dateien für Nutzung am Schüler:innen-Tablet
> - Moderationskarten
> - Folienstifte
> - Kreppband/Klebeband, Stecknadeln/Magnete
> - Beamer
> - Notebook/Tablet
> - Ggf. Pointer

Organisatorische Rahmenbedingungen. Vor der Durchführung des SPuR-Präventionsprogramms können Eltern, Schüler:innen und Lehrkräfte über Informationsmaterialien benachrichtigt werden (Kap. 5). Für die Eltern kann auch eine Informationsveranstaltung als Elternabend in Präsenz oder digital über eine Videokonferenz organisiert werden (Kap. 5). Wird das SPuR-Präventionsprogramm von externen Trainingskräften an Schulen durchgeführt, ist es sinnvoll Kontakt zu einer schulinternen Person herzustellen, die im Anlassfall die Ansprechperson für Jugendliche mit belastenden Vorerfahrungen sein kann bzw. an der Schule permanent Schülern/Schülerinnen beratend zur Seite stehen kann (z. B. Schulsozialarbeiter:innen, Beratungslehrkräfte). Für die Durchführung des SPuR-Präventionsprogramms ist zudem ein großer Raum mit flexibler Bestuhlung und einer Tafel oder Whiteboard, einer Pinnwand oder einem Flipchart nötig. Ideal ist es, wenn der Raum auch noch Platz bietet für Übungen, die eine freie Bewegung der Schüler:innen im Raum erfordern (z. B. Aufstellübung). Es ist hilfreich, wenn sich an Schulen tätige Trainingskräfte überlegen, wie sie mit Pausen- und Unterrichtsstundentaktungen umgehen möchten. Hier erlaubt das SPuR-Präventionsprogramm individuelle Gestaltungsspielräume.

4.2 Einstiegsmodul

Überblick über das SPuR-Präventionsprogramm
- Einstiegsmodul
- Modul 1: Internet und Privatsphäre
- Modul 2: Umgang mit eigenen und fremden Bildrechten
- Modul 3: Was ist Sexting, wieso werden freizügige Fotos verschickt und welche Folgen kann es haben?
- Modul 4: Wie fühlt es sich an, wenn ein freizügiges Foto in Umlauf gerät?
- Modul 5: Was kann ich tun, wenn ein freizügiges Foto in Umlauf gerät? Wie kann Sexting sicher gestaltet werden?
- Feedbackmodul

4.2 Einstiegsmodul

Ziele des Moduls

Im Einstiegsmodul wird eine vertrauensvolle Atmosphäre geschaffen. Die Schüler:innen aktivieren ihr Vorwissen zum Thema und erfahren eine thematische Einstimmung.

Ablauf	Dauer: 15–25 Minuten
• Begrüßung • Aufwärmübung 1: „Alle, die…" • Aufwärmübung 2: Begriffe erraten • Besprechung des SPuR-Programmplans	

4.2.1 Begrüßung

Lernziele: Die Schüler:innen lernen die Trainingskraft und die Rahmenbedingungen des SPuR-Präventionsprogramms kennen. Sie wissen Bescheid, über die freiwillige Programmteilnahme und die Möglichkeit bei Betroffenheit aufgrund eigener Erfahrungen oder einem akuten Anlass während des SPuR-Präventionsprogramms, ihre Teilnahme unterbrechen oder abbrechen zu dürfen.
Dauer: 5 Minuten

Material	Vorarbeiten
• Kreppband • Folienstifte	• Ggf. eigenes Namensschild erstellen • Titel des SPuR-Präventionsprogramms an die Tafel schreiben

Praktische Durchführungshinweise

Zu Beginn des SPuR-Präventionsprogramms stellen Sie sich vor. Sie können, wenn Sie es für sinnvoll halten, den Schülern/Schülerinnen das „Du" für den vertraulichen Rahmen des SPuR-Präventionsprogramms anbieten und kurz erklären, was die Schüler:innen mit der Teilnahme am SPuR-Präventionsprogramm erwarten wird. Sie geben dann auch auf behutsame Weise eine Triggerwarnung. Anschließend reichen Sie Kreppband herum, auf das die Schüler:innen ihre Vornamen schreiben sollen, sollten sie Ihnen noch nicht namentlich bekannt sein. Die Namensschilder sollen gut lesbar auf den Oberkörper geklebt werden. Sie selbst können bereits zu Beginn ein gut lesbares Namensschild tragen oder Ihren Namen an die Tafel schreiben. Im Anschluss starten Sie mit der ersten Aufwärmübung (Abschn. 4.2.2).

Formulierungsbeispiel

„Guten Morgen! Ich bin.... Ihr dürft mich heute gerne mit meinem Vornamen ansprechen. Wie ihr wahrscheinlich schon von euren Lehrkräften gehört habt, werde ich heute mit euch zu den Themen Privatsphäre im Internet, Bildrechte und Sexting arbeiten. Was meine ich mit Sexting? Hat jemand eine Idee? *(Antworten abwarten und den folgenden Satz sagen/wiederholen, falls Begriffsklärung schon durch die Schüler:innen erfolgt ist.)* Mit Sexting ist das Versenden und Empfangen von freizügigen Fotos über das Internet gemeint. Ich freue mich sehr, heute hier zu sein und bin schon sehr gespannt auf den Tag/die Stunde mit euch.

Bevor wir anfangen, möchte ich noch eine wichtige Sache sagen: Alles, was wir heute hier besprechen, wird vertraulich behandelt. Das heißt, ich werde an niemanden weitergeben, was ihr heute erzählt. Ihr müsst aber auch nichts Persönliches von euch preisgeben. Bitte behandelt auch alles, was eure Mitschüler:innen sagen vertraulich.

Damit der heutige Tag gut gelingt, ist es wichtig, dass wir uns wie an einem normalen Schultag gegenseitig zuhören, nicht reden, wenn jemand etwas sagt und die anderen respektieren. Seid ihr damit einverstanden?

Wenn ihr euch zwischendurch bei einem der Themen unwohl fühlt, die wir besprechen, dann gebt mir bitte Bescheid.

Wenn ihr zwischendurch Fragen habt, meldet euch bitte.

Ich gebe jetzt Kreppband und Stifte herum. Bitte schreibt eure Vornamen gut leserlich darauf und klebt es auf euren Oberkörper." ◄

4.2.2 Aufwärmübung 1: „Alle, die..."

Lernziele: Die Aufwärmübung dient als Eisbrecher und Einstieg in das SPuR-Präventionsprogramm. Das Gruppengefühl der Schüler:innen wird gefördert und die Klassengemeinschaft gestärkt, indem Gemeinsamkeiten zwischen den Schülern/Schülerinnen sichtbar werden.
Dauer: 5 Minuten

Material	Vorarbeiten
• Liste mit Gemeinsamkeiten (Material 1)	• Keine

Praktische Durchführungshinweise

Während die Schüler:innen auf ihren Plätzen sitzen, lesen Sie die Sätze zu den Gemeinsamkeiten vor. Schüler:innen auf die diese Sätze zutreffen, bitten Sie, aufzustehen. Danach setzen sich alle wieder hin und Sie sagen den nächsten Satz. Die Liste mit den Gemeinsamkeiten können Sie an die Bedingungen der Gruppe anpassen und mit eigenen Sätzen ergänzen.

Formulierungsbeispiel

„Ich möchte zu Beginn eine Aufwärmübung mit euch machen. Ich werde nacheinander mehrere Sätze vorlesen. Alle, die einen Satz mit „Ja" beantworten können, stehen auf. Seid ihr bereit? Los geht's!" ◄

Liste mit Gemeinsamkeiten
- Alle, die gerade müde sind.
- Alle, die heute schon mit dem Bus gefahren sind.
- Alle, die in diesem Monat Geburtstag haben.
- Alle, die braune Augen haben.
- Alle, denen schon mal ein Fahrrad geklaut wurde.
- Alle, die gut geschlafen haben.
- Alle, die Müsli gefrühstückt haben.
- Alle, die gerne Sport machen.
- Alle, die ein Musikinstrument spielen.
- Alle, die ein Haustier haben.
- Alle, die das Wetter im Moment gerne mögen.
- Alle, die heute Nachmittag etwas Schönes vorhaben.
- Alle, die heute Sneakers tragen.
- Alle, die gestern Abend ferngeguckt haben.
- Alle, die heute schon auf ihr Handy geguckt haben.

4.2.3 Aufwärmübung 2: Begriffe erraten

Lernziele: Die Schüler:innen werden thematisch eingestimmt und ihr Vorwissen zum Thema des SPuR-Präventionsprogramms wird aktiviert.
Dauer: 10 Minuten

Material	Vorarbeiten
• Begriffs-Karten (Material 2) • Kreide oder Folienstift • Optional: Preis für Gewinnerteam (z. B. Schokolade, Sticker, Stempelabdruck…; so viel, dass es für die ganze Klasse reicht)	• Karten drucken und ausschneiden • „Gruppe 1" und „Gruppe 2" für die Punkteübersicht an die Tafel schreiben

Praktische Durchführungshinweise
Teilen Sie die Schüler:innen zunächst durch Abzählen (1, 2, 1,…) in zwei Gruppen ein. Fordern Sie anschließend die Schüler:innen auf, sich in ihren Gruppen zusammenzusetzen. Erklären Sie dann die Spielregeln und geben Sie den Schülern/Schülerinnen die Möglichkeit noch Fragen zu stellen. Wenn es keine Fragen mehr gibt, können Sie mit dem Spiel beginnen.

Wie lauten die Spielregeln?
Eine Person aus Gruppe 1 kommt nach vorne, zieht eine Karte vom Stapel und erklärt das darauf stehende Wort. Unter dem Wort stehen Wörter, die bei der Erklärung nicht (!) verwendet werden dürfen. Wird eines dieser Wörter trotzdem versehentlich genannt, erhält die eigene Gruppe einen Minuspunkt. Wenn ein Wort erklärt wird, dürfen alle Schüler:innen aus beiden Gruppen raten, um welches Wort es sich handelt. Wer meint, das gesuchte Wort zu kennen, muss schnellstmöglich die Hand heben. Ist die Antwort richtig, erhält die eigene Gruppe einen Punkt. Ist die Antwort falsch, darf die gegnerische Gruppe einmal raten und erhält für die richtige Antwort einen Punkt. Errät es keine Gruppe, wird das Wort aufgelöst. In der darauffolgenden Runde erklärt jemand aus Gruppe 2 das Wort. Beim Wortraten muss genau das Wort genannt werden, das auf der Karte steht (z. B. steht auf der Karte „Fernseher", dann gilt „fernsehen" nicht als richtige Lösung). Das Spiel wird so lange gespielt, bis 10 Minuten abgelaufen sind. Am Ende hat die Gruppe mit den meisten Punkten gewonnen und erhält ggf. einen Preis, den sie mit der Verlierergruppe teilen kann. Sie können die Verlierergruppe dazu anregen, für die Gewinnergruppe zu applaudieren.

▶ Es ist möglich, dass einzelne Schüler:innen bei dieser Übung reinrufen. Diesem Verhalten können Sie begegnen, indem Sie die Gruppe beim ersten Mal ermahnen und ankündigen, dass Sie beim zweiten Mal einen Punkt abziehen. Wenn es ein zweites Mal zu einer Störung kommt, ziehen Sie einen Punkt ab. Falls unklar ist, wer sich zuerst gemeldet hat, um die Antwort zu geben, soll der/die Schüler:in den nächsten Begriff erklären.

4.2 Einstiegsmodul

Begriffe
- Smartphone (Nicht verwenden: Handy, App, Hosentasche, Display)
- Instagram-Profil (Nicht verwenden: App, Foto, Öffentlich, Follower)
- Datenschutz (Nicht verwenden: Sicherheit, Informationen, Privatsphäre)
- Privatsphäre (Nicht verwenden: Veröffentlichen, Einstellungen, Persönliches, Einschränkung)
- Mobbing (Nicht verwenden: Ärgern, Beleidigung, Opfer, Täter)
- Internet (Nicht verwenden: World Wide Web, Google, Online, Website)
- Laptop (Nicht verwenden: Computer, Notebook, MacBook, Tragbar)
- Snapchat-Story (Nicht verwenden: App, Posten, Freunde, Darstellung)
- YouTube (Nicht verwenden: Follower, Influencer, Filme, Trailer)
- Likes (Nicht verwenden: Posten, Gefällt mir, Follower, Beliebtheit)
- Selfie (Nicht verwenden: Foto, Frontkamera, Gesicht, Filter)
- Screenshot (Nicht verwenden: Handy, Bildschirmfoto, Aufnahme)
- Gruppenchat (Nicht verwenden: WhatsApp, Freunde, Schreiben, Foto)
- Flirten (Nicht verwenden: Party, Kennenlernen, Liebe, Gefallen)
- Nutzungsbedingungen (Nicht verwenden: Richtlinien, Akzeptieren, Zustimmen)
- WhatsApp-Status (Nicht verwenden: App, Smiley, Zitat, Foto)
- Posts (Nicht verwenden: Foto, Veröffentlichen, Follower, Freunde)
- Download (Nicht verwenden: Internet, Dateien, Foto, Illegal)
- Tablet (Nicht verwenden: iPad, Computer, Handy, Display)
- App (Nicht verwenden: Handy, App-Namen, Programm, Spiele)

Formulierungsbeispiel

„Wir wollen nun in das Thema einsteigen. Dafür habe ich ein Spiel für euch mitgebracht. Zuerst teile ich euch in zwei Gruppen ein, in dem wir einmal 1, 2, 1, 2… durchzählen *(durchzählen)*. Wir bilden eine Gruppe 1 und eine Gruppe 2. Alle mit der gleichen Zahl setzen sich zusammen. Gruppe 1 sitzt auf dieser Seite *(zeigen)* und Gruppe 2 auf dieser *(zeigen)*. Jetzt erkläre ich euch die Spielregeln. Jemand aus Gruppe 1 kommt nach vorne und zieht eine Karte von diesem Stapel *(eine Karte verdeckt hochhalten)*. Auf der Karte steht ein Wort, das ihr allen anderen erklären sollt. Unter diesem Wort stehen weitere Wörter. Diese Wörter dürft ihr beim Erklären nicht verwenden. Werden diese Wörter beim Erklären versehentlich genannt, bekommt die eigene Gruppe einen Minuspunkt. Während er/sie erklärt überlegt ihr alle, was das gesuchte Wort sein könnte. Wer glaubt, die richtige Antwort zu wissen, hebt sichtbar seine Hand und nennt die Antwort, wenn er oder sie drangenommen wurde. Ist die Antwort richtig, bekommt die eigene Gruppe einen Punkt, ist sie falsch, darf die andere Gruppe einmal raten und erhält einen Punkt, wenn sie die richtige Antwort gesagt hat. Falls das Wort nicht erraten wird, lösen wir auf. In der nächsten Runde ist dann jemand aus Gruppe 2 mit Erklären dran. Achtung: Es muss genau das Wort genannt werden, das auf der Karte steht. Wenn auf der Karte „Fernseher" steht, gilt „fernsehen" nicht als richtige Lösung. (Optional: Die Gewinnergruppe erhält einen Preis.) Noch Fragen? Jemand aus Gruppe 1 darf nach vorne kommen und eine Karte ziehen (Alternativ: Wer hatte zuletzt Geburtstag? Der/die darf nach vorne kommen und eine Karte ziehen.)"

(Nach dem Spiel)

„Gruppe X hat die meisten Punkte und damit das Spiel gewonnen. Glückwunsch! (Optional: Als Preis habe ich euch etwas mitgebracht, das ihr auch gerne mit der anderen Gruppe teilen dürft *(Preis verteilen)*). Ich bitte um einen Applaus für die Gewinnergruppe. Bitte setzt euch jetzt wieder auf eure Plätze. Wir sehen uns jetzt an, was wir heute machen." ◄

4.2.4 Vorstellung des SPuR-Programmplans

Lernziele: Die Schüler:innen werden mit den einzelnen Modulen und Inhalten des Programms vertraut und erhalten einen umfassenden Überblick darüber.
Dauer: 5 Minuten

Material	Vorarbeiten
• Plakat mit SPuR-Programmplan (Material 3) oder Tafelbild mit SPuR-Programmplan (Tafelbild I) • Folienstift	• Plakat ausdrucken und aufhängen oder Tafelbild zeichnen

Praktische Durchführungshinweise

Stellen Sie die einzelnen Module des SPuR-Präventionsprogramms mithilfe des SPuR-Programmplans vor. Erklären Sie, dass jedes Modul und die dazugehörigen Sätze nach dessen Abschluss abgehakt werden. Der SPuR-Programmplan bleibt für den Rest der Durchführung sichtbar hängen. Sollten Sie das SPuR-Präventionsprogramm in mehreren Einheiten durchführen, hängen Sie den SPuR-Programmplan bei jeder Einheit wieder auf.

Formulierungsbeispiel

„Damit ihr wisst, was euch heute erwartet, habe ich euch einen Programmplan mitgebracht *(auf den SPuR-Programmplan zeigen)*. Den Einstieg können wir abhaken und gleich mit dem inhaltlichen Teil beginnen. Wie ihr sehen könnt, ist der inhaltliche Teil in fünf Teile unterteilt. Diese Teile nennen wir Module. Wenn wir mit einem

4.2 Einstiegsmodul

Modul fertig sind, können wir dieses abhaken *(auf die Felder zum Abhaken zeigen)*. Im ersten Modul *Internet und Privatsphäre* schauen wir uns an, welche digitalen Medien ihr nutzt und welche Informationen ihr dabei von euch preisgebt. Im zweiten Modul beschäftigen wir uns mit den rechtlichen Grundlagen im Umgang mit Fotos. Danach folgen die Module drei bis fünf zum Thema *Sexting*. In Modul 3 schauen wir uns an, was Sexting überhaupt ist, warum Jugendliche dabei mitmachen und welche Risiken es dabei gibt. Ein Risiko beim Sexting ist, dass ein Foto von anderen weitergeleitet wird, ohne dass man es wollte. In Modul 4 geht es um die Frage, wie es sich anfühlt, wenn ein freizügiges Bild im Umlauf ist, und im fünften Modul erarbeiten wir gemeinsam, was getan werden kann, wenn ein freizügiges Bild im Umlauf ist und wie Sexting sicher gestaltet werden kann. Am Ende kommen wir noch einmal zu einer Abschlussrunde zusammen. Habt ihr noch Fragen zum SPuR-Präventionsprogramm? Wer möchte das Einstiegsmodul abhaken?" ◄

SPuR-Programmplan
- Einstiegsmodul
- Modul 1: Internet und Privatsphäre
    - Ich habe mir Gedanken darüber gemacht, was ich wo poste und welche Wirkung es haben kann.
- Modul 2: Umgang mit eigenen und fremden Bildrechten
    - Ich weiß, welche Rechte ich an meinem eigenen Bild habe.
    - Ich weiß, welche Rechte andere haben, wenn ich sie fotografiere.
- Modul 3: Was ist Sexting, wieso werden freizügige Fotos verschickt und welche Folgen kann es haben?
    - Ich weiß, was Sexting ist.
    - Ich kenne Gründe, wieso freizügige Fotos verschickt werden.
    - Ich kenne Risiken von Sexting.
- Modul 4: Wie fühlt es sich an, wenn ein freizügiges Foto in Umlauf gerät?
    - Ich habe mir Gedanken über die Gefühle der Beteiligten gemacht, wenn ein freizügiges Foto weitergeleitet wird.
- Modul 5: Was kann ich tun, wenn ein freizügiges Foto in Umlauf gerät? Wie kann Sexting sicher gestaltet werden?
    - Ich weiß, was ich tun kann, wenn ein freizügiges Foto in Umlauf gerät.
    - Ich kenne Maßnahmen, wie Sexting sicher gestaltet werden kann.
- Feedbackmodul

4.3 Modul 1: Internet und Privatsphäre

Ziel des Moduls
Die Schüler:innen sind für das Thema Privatsphäre im Internet sensibilisiert. Sie sind sich darüber bewusst, wie viel sie in sozialen Medien von sich preisgeben, wie sie sich im Internet darstellen und welche Wirkung die Selbstdarstellung auf andere haben kann.

Ablauf	Dauer: 40 Minuten
• Übung: Welche Apps verwende ich? • Übung: Was poste ich von mir? • Übung: Wie stelle ich mich im Internet dar?	

4.3.1 Übung: Welche Apps verwende ich?

Lernziele: Die Schüler:innen werden sich darüber bewusst, welche Apps und soziale Medien sie verwenden und wie häufig sie diese nutzen.
Dauer: 10 Minuten

Material	Vorarbeiten
• Folien 2–11 • Kreppband • Blatt mit einem Punkt • Blatt mit vielen Punkten	• Punkteblätter malen und ggf. laminieren • Platz für Aufstellung im Raum schaffen • Linie auf den Boden kleben und Blätter an die jeweiligen Enden legen/kleben

Praktische Durchführungshinweise
Zu Beginn dieser Übung geben Sie die Aufgabe einzuschätzen, wie oft die Schüler:innen bestimmte Apps nutzen. Erklären Sie, dass sie sich auf einer Linie im Raum positionieren sollen. Die Linie kann mit Kreppband auf dem Boden dargestellt werden. Der eine Endpunkt der Linie bedeutet, dass die Schüler:innen die App mehrmals am Tag verwenden. Der andere Endpunkt der Linie bedeutet, dass sie diese App nie benutzen. Die Schüler:innen sollen sich ihrem Nutzungsverhalten entsprechend aufstellen. Die Apps werden nacheinander eingeblendet.

▶ Machen Sie sich Notizen dazu, wie sich die Schüler:innen aufstellen, um einen Eindruck vom Mediennutzungsverhalten in der Klasse zu bekommen.

Jedes Mal, wenn sich die Schüler:innen aufgestellt haben, kommentieren Sie beschreibend, was Sie wahrnehmen. Fragen Sie einzelne Schüler:innen zu ihrer Position. Achten Sie darauf, dass unterschiedliche Schüler:innen zu Wort kommen und orientieren

4.3 Modul 1: Internet und Privatsphäre

Sie sich an der Regel „Wer durch Handzeichen signalisiert, etwas sagen zu wollen, wird zuerst drangenommen". Das verdeutlicht den Schüler:innen die freiwillige Teilnahme am SPuR-Präventionsprogramm. Fassen Sie nach jeder besprochenen App das Gesagte zusammen und weisen Sie auf die Vielfalt des Nutzungsverhaltens hin. Zudem sollten für jede App mehrere Schüler:innen zu Wort kommen.

Die Auswahl der Apps in dieser Übung basiert auf den am häufigsten von Jugendlichen in der JIM-Studie genannten Apps (Medienpädagogischer Forschungsverbund Südwest (mpfs), 2022). Aufgrund der stetigen Weiterentwicklung von Apps ist es sinnvoll, dass Sie vor der Durchführung des SPuR-Präventionsprogramms recherchieren, welche Apps aktuell genutzt werden. Gespräche mit Jugendlichen und/oder ein Blick in die aktuellste JIM-Studie können dabei hilfreiche Einblicke geben. Die JIM-Studie ist unter https://www.mpfs.de/studien/ zu finden. Die Übung kann selbstständig angepasst werden.

▶ Mit dieser Übung können Sie sich selbst ein Bild davon machen, welche Apps in der jeweiligen Gruppe gerade beliebt sind, wie viele verschiedene Apps genutzt werden und welche Zugangsmöglichkeiten die Gruppe bereits zu altersbeschränkten Apps hat.

Apps
- Netflix
- WhatsApp
- YouTube
- X/Twitter
- Instagram
- Snapchat
- TikTok
- Spotify
- Google

Bei dieser Übung könnte es passieren, dass ein:e Schüler:in mehrere Male in der „Nie" Ecke steht. Gründe dafür könnte entweder eine freie Entscheidung gegen die Nutzung digitaler Medien sein, ein Verbot der Nutzung durch die Eltern oder ein fehlender Zugang zu Informations- und Kommunikationstechnologien, wie z. B. einem internetfähigen Smartphone. Um zu vermeiden, dass Schüler:innen wegen ihrer Positionierung schikaniert werden, ist es wichtig, dass Sie sensibel mit diesem Thema umgehen. Sie können der Gruppe aufzeigen, dass es manche Schüler:innen gibt, die häufiger in einer bestimmten Ecke stehen. Daran anschließend können Sie die Frage stellen, welche Gründe es dafür geben könnte („*Wie ihr seht, stehen manche öfter in der „Nie" Ecke. Was könnte es denn für Gründe dafür geben?*"). Wenn es sich um eine freiwillige Entscheidung handelt, bestärken Sie den/die Schüler:in darin, selbstständig Entscheidungen treffen zu können. Wenn der/die Schüler:in ein Verbot der Eltern erhalten hat, können Sie den/die Schüler:in darin bekräftigen, dass es auch andere Wege der Kommunikation gibt (z. B. telefonieren, persönliches Treffen usw.).

Formulierungsbeispiel

„Nachdem wir mit dem „Begriffe erraten" in das Thema Medien eingestiegen sind, werden wir uns nun mit dem Thema Privatsphäre und Internet beschäftigen *(Folie 2 einblenden)*. Ihr nutzt das Internet und die sozialen Medien wahrscheinlich häufig. Deshalb schauen wir uns gleich an, welche Apps und Internetseiten ihr nutzt und wofür ihr sie verwendet.

Ich nenne euch jetzt einige Apps oder Internetseiten. Überlegt, wie häufig ihr die App oder die Internetseite nutzt. Stellt euch dann entsprechend der Häufigkeit, mit der ihr sie nutzt, auf. An dieses Ende der Linie stellt ihr euch, wenn ihr die App oder Internetseite mehrmals täglich nutzt *(auf Blatt mit den vielen Punkten am Boden verweisen)*. An dieses Ende der Linie stellt ihr euch, wenn ihr eine App oder Internetseite kaum oder nicht benutzt *(auf Blatt mit den wenigen Punkten am Boden verweisen)*. Wenn ihr etwas manchmal benutzt, könnt ihr euch irgendwo dazwischen hinstellen *(Folie 3 zeigen)*. Wenn ich zum Beispiel Netflix einmal am Tag benutze, dann stelle ich mich hier hin *(irgendwo zwischen die Enden platzieren)*. Wenn ich Netflix nie benutze, weil ich zum Beispiel kein Netflix habe, dann stelle ich mich hier hin *(an das „Nie" Ende stellen)*. Jetzt seid ihr dran! Stellt euch auf, je nachdem wie oft ihr Netflix verwendet *(warten, bis sich alle aufgestellt haben)*. *(An alle gerichtet)* Ihr habt euch jetzt alle an einen Platz gestellt. Wer von euch möchte sagen, warum er oder sie an diesem Platz steht? *(Schüler:innen abwechselnd drannehmen; alternativ können die Schüler:innen mitentscheiden, wer als nächstes drankommt)*. *(An eine:n einzelne:n Schüler:in gerichtet:)* Du stehst genau in der Mitte. Was bedeutet das? Wie oft benutzt du Netflix?... *(Nächste Folie)* Als nächstes möchte ich von euch wissen, wie oft ihr WhatsApp nutzt *(warten bis sich alle platziert haben, zuerst allgemein, dann gezielt einzelne:n Schüler:in befragen)*. *(Zusammenfassung geben)* Wie wir sehen, nutzen die meisten von euch WhatsApp sehr häufig. Wie sieht es denn mit YouTube aus? *(Nächste Folie)* Bitte stellt euch dazu auf. *(Kommentieren und befragen, weitere Apps vorstellen)*.

Wir haben gerade gesehen, dass es einige Apps und Internetseiten gibt, die ihr benutzt und dass die Häufigkeit, wie oft ihr sie nutzt, unterschiedlich ist. Insgesamt scheint es, dass ihr alle ziemlich viele verschiedene digitale Medien benutzt, und einige von euch tun dies sehr häufig. Bitte bleibt für die nächste Übung hier vorne stehen." ◄

4.3.2 Übung: Was poste ich von mir?

Lernziele: Die Schüler:innen werden sich darüber bewusst, welche Inhalte sie im Internet von sich preisgeben.
Dauer: 10 Minuten

Material	Vorarbeiten
• Folie 12 • 2 Plakate mit Postinginhalten (Material 4) oder Tafelbild mit Postinginhalten (Tafelbild II) • Folienstifte	• Plakate mit Postinginhalten drucken und aufhängen oder Postinginhalte an die Tafel schreiben

Praktische Durchführungshinweise

Hängen Sie das Plakat 1 mit der ersten Hälfte der Aussagen zu Inhalten, die im Internet gepostet wurden an die Tafel oder Wand. Das Plakat 2 mit der anderen Hälfte der Aussagen hängen Sie am anderen Ende des Raumes auf. Auf einem Tisch liegen Folienstifte. Geben Sie den Auftrag zu den Plakaten zu gehen und jeweils ein Kreuz hinter die Art von Foto/Video zu machen, die die Schüler:innen schon mindestens einmal (z. B. auf TikTok, Instagram (Profil oder Story) oder Snapchat (Story)) gepostet haben. Danach setzen sich die Schüler:innen wieder hin und können sehen, wie viele Kreuze zu den jeweiligen Aussagen gesetzt wurden. Hängen Sie dazu beide Plakate nebeneinander.

Postinginhalte

Folgende Aussagen stehen auf Plakat 1:

- Eine Darstellung von mir
- Eine Darstellung von mir und anderen
- Eine Darstellung meines Hauses/meiner Wohnung (von außen)
- Eine Darstellung, auf der mein Zimmer zu erkennen ist
- Eine Darstellung von mir in Badekleidung
- Eine Darstellung von mir im Urlaub
- Eine Darstellung von mir, auf der ich jemanden küsse
- Eine peinliche Darstellung von mir

Folgende Aussagen stehen auf Plakat 2:

- Eine Darstellung mit Ortsmarkierung
- Eine Darstellung, auf der ich jemanden markiert habe
- Eine Darstellung von mir auf einer Party/einem Fest
- Eine Darstellung von mir beim Sport
- Eine Darstellung, auf der ich Späße (oder eine Grimasse, Kunststück, Missgeschick) mache

- Eine Darstellung von meinen Geschwistern
- Eine Darstellung, auf der ich verändert aussehe (z. B. durch Filter, SlowMo)

Formulierungsbeispiel

„Nachdem wir uns angeschaut haben, welche digitalen Medien ihr nutzt, wollen wir uns jetzt damit beschäftigen, was ihr von euch im Internet preisgebt. Kurz gesagt, was ihr postet. Wir haben hier ein Plakat mit verschiedenen Arten von Fotos oder Videos, die man von sich posten kann. Hier auf dem Tisch liegen Stifte. *(Folie 12 einblenden)* Ich möchte, dass ihr gleich zu den Plakaten geht, euch die Aussagen durchlest und dann überall dort ein Kreuz macht, wo ihr meint, dass ihr diese Art von Video oder Foto schon mindestens einmal von euch öffentlich gepostet habt. Mit *öffentlich* meine ich, dass ihr es in der WhatsApp-Klassengruppe, auf TikTok, auf eurem Instagram-Account in der Story oder im Profil oder in der Snapchat-Story oder auf YouTube oder wo auch immer gepostet habt, sodass viele Menschen, auch solche, die euch nicht nahestehen, es sehen können. Die eine Hälfte von euch geht nach vorne zu dem Plakat *(auf die eine Hälfte des Raumes zeigen)*. Die andere Hälfte geht erst einmal zu dem Plakat nach hinten *(auf die andere Hälfte des Raumes zeigen)*. Danach wird getauscht. Dann könnt ihr euch wieder hinsetzen *(warten bis alle ihre Kreuze gemacht haben und wieder sitzen)*. Wenn wir uns jetzt die Plakate gemeinsam anschauen, was fällt euch auf *(ca. 2 Schüler:innen drannehmen)*?

Wir sehen, dass hier insgesamt sehr viele Kreuze sind. Ich sehe auch einige Kreuze an Stellen, die eher private Inhalte zeigen, zum Beispiel Fotos in Badekleidung oder ein Foto oder Video, auf dem euer Zuhause zu sehen ist. Mein Ziel war es, euch darauf aufmerksam zu machen, was ihr in der Öffentlichkeit von euch preisgebt. Macht euch bewusst, dass ihr damit vieles von euch zeigt und ihr nicht wisst und auch keine Kontrolle mehr darüber habt, wer es alles sehen kann.

Im Anschluss daran möchten wir uns anschauen, wie ihr euch im Internet darstellt." ◄

4.3.3 Übung: Wie stelle ich mich im Internet dar?

Lernziele: Die Schüler:innen lernen Chancen und Risiken von Selbstdarstellung im Internet kennen und reflektieren ihre Selbstdarstellung im Internet.
Dauer:
- 10 Minuten Partnerarbeit
- 10 Minuten Diskussion in der Gesamtgruppe

Material	Vorarbeiten
• Folie 13	• Keine

4.3 Modul 1: Internet und Privatsphäre

Praktische Durchführungshinweise

Sie fragen die Schüler:innen, wer ein Online-Profil besitzt (z. B. Instagram, WhatsApp). Die Schüler:innen bekommen von Ihnen anschließend die Aufgabe, sich mit einem ihrer Internetprofile zu beschäftigen. Dazu tauschen sie sich zunächst mit ihrem/ihrer Sitznachbarn/Sitznachbarin zu den Fragen aus, die Sie einblenden. Die Schüler:innen können sich Stichpunkte zu den Ergebnissen ihres Gesprächs notieren. Geben Sie den Schülern/Schülerinnen den Hinweis, dass ihre Smartphones für diese Übung nicht benötigt werden. Durch das Auspacken der Smartphones könnte die Aufmerksamkeit der Schüler:innen auf neue Posts oder andere Inhalte gelenkt werden.

Fragen für die Partnerarbeit
- Wofür habe ich das Profil?
- Was möchte ich mit meinen Inhalten darstellen?
- Stell dir vor, du wärst jemand, der dich nicht kennt, und gehst auf dein Profil. Was erfährst du über dich? Was denkst du aus der Sicht der anderen Person über dich?

Im Anschluss führen Sie ein Klassengespräch zu den Fragen durch. Die Schüler:innen werden dazu angeregt, die eigene Darstellung im Internet zu reflektieren. Dabei sollen Chancen und Grenzen herausgearbeitet werden. Nachdem Sie mit der Übung fertig sind, lassen Sie das Modul auf dem SPuR-Programmplan abhaken.

Beispiele für Chancen der digitalen Selbstdarstellung im Internet
- Ausdruck der eigenen Persönlichkeit
- In Kontakt sein
- Kreativität
- Bestätigung/Zuspruch erhalten
- Personen mit ähnlichen Interessen finden

Beispiele für Risiken der digitalen Selbstdarstellung im Internet
- Das Internet vergisst nicht
- Verletzung der Privatsphäre
- Sozialer Druck (z. B. Anzahl Follower)
- Vernachlässigung anderer Lebensbereiche

Es könnte sein, dass ein:e Schüler:in kein Profil im Internet hat. Gründe könnten eine freie Entscheidung gegen die Nutzung digitaler Medien, ein Verbot der Eltern oder kein eigenes internetfähiges Smartphone sein. Sollte es eine freie Entscheidung gegen die Nutzung digitaler Medien sein, können die Schüler:innen diese in der Partnerarbeit diskutieren. Bei einem Verbot durch die Eltern, könnte der/die Schüler:in sich vorstellen, wie sein/ihr Profil aussehen könnte und die Fragen anhand dieser Vorstellung beantworten.

Formulierungsbeispiel

„Wer von euch hat ein Online-Profil, z. B. bei WhatsApp oder Instagram? Bitte hebt die Hand. Tauscht euch nun mit eurem Sitznachbarn oder eurer Sitznachbarin zu den Fragen auf der Folie aus *(Fragen vorlesen)*. Ihr könnt euch Stichpunkte zu euren Ergebnissen machen *(Start der Partnerarbeit)*. So, ich konnte beobachten, dass ihr euch angeregt über die Fragen unterhalten habt. Nun möchte ich gerne eure Diskussionsergebnisse in die Gruppe tragen. Was sind eure Ergebnisse? Zu welchen Schlüssen seid ihr gekommen? Worauf sollte man achten, wenn man ein Profil erstellt? *(Diskussion)*.

Wir sind jetzt mit diesem Modul fertig. Vielen Dank für eure Mitarbeit! Wer möchte den Satz und das Modul auf dem Programmplan abhaken? *(Schüler:in abhaken lassen)*". ◄

4.4 Modul 2: Umgang mit eigenen und fremden Bildrechten

Ziele des Moduls
Die Schüler:innen erwerben Kenntnisse zu Bildrechten. Sie kennen rechtliche Grundlagen zum Umgang mit Bildmaterial in verschiedenen Kontexten.

Ablauf	**Dauer:** 30 Minuten
• Bildrechte-Quiz	

4.4.1 Übung: Bildrechte-Quiz

Lernziele: Die Schüler:innen erwerben Kenntnisse zu Bildrechten. Sie kennen rechtliche Grundlagen zum Umgang mit Bildmaterial in verschiedenen Kontexten.
Dauer: 30 Minuten

Material	**Vorarbeiten**
• Folien 14–35 • Eine rote und eine grüne Karte für jede:n Schüler:in (ca. 8 × 6 cm)	• Rote und grüne Karten aus Pappe ausschneiden und ggf. laminieren

4.4 Modul 2: Umgang mit eigenen und fremden Bildrechten

Praktische Durchführungshinweise

Geben Sie allen Schülern/Schülerinnen eine rote und eine grüne Karte. Leiten Sie dann mithilfe der Folien auf die Rahmengeschichte von Effie und Arlo über, die auf einer Klassenfahrt nach Paris verschiedene Situationen erleben. Wählen Sie dazu eine:n Schüler:in aus, damit zu beginnen, die erste Situation vorzulesen. Danach nehmen Sie für die folgenden Situationen weitere Schüler:innen (z. B. in der Sitzreihenfolge) dran. Geben Sie die Aufgabe, zu überlegen, ob die beschriebene Situation rechtlich korrekt ist oder nicht. Wenn alle überlegt haben, zählen Sie bis drei. Alle Schüler:innen sollten dann ihre Karten hochhalten. Bewerten die Schüler:innen eine Situation als rechtlich korrekt, sollen sie die grüne Karte zeigen. Bewerten sie eine Situation als nicht korrekt, dann zeigen sie die rote Karte. Befragen Sie zunächst pro Beispiel ca. zwei Schüler:innen, warum sie sich für die Wahl einer grünen oder roten Karte entschieden haben. Danach lösen Sie die Situation mit der nächsten Folie auf. Die Auflösungsfolien enthalten die Informationen „Stimmt" bzw. „Stimmt nicht" oder „Erlaubt" bzw. „Nicht erlaubt" verbunden mit einer rechtlichen Information. Nachdem Sie die letzte Situation mit den Schüler:innen besprochen haben, lassen Sie das zweite Modul auf dem SPuR-Programmplan abhaken.

▶ Die zugrunde liegenden für Deutschland gültigen Gesetzestexte finden Sie vollständig unter www.gesetze-im-internet.de.

Situationen der Rahmengeschichte zum Bildrechte-Quiz

Arlo und Effie (beide 14 Jahre) sind ein Paar und gehen in die gleiche Klasse. Sie machen mit ihrem Französischkurs einen Schüleraustausch nach Paris. Am ersten Tag besichtigen sie den Eiffelturm.

Vor dem Eiffelturm macht Arlo ein Foto von Effie. Arlo hat das Foto geschossen und somit das Recht allein zu entscheiden, was mit dem Foto passiert. Stimmt das?

Stimmt nicht. Rechtliche Erklärung: Sobald du auf einem Foto zu erkennen bist, hast du Rechte an dem Foto, egal wer es aufgenommen hat. (§ 22 KunstUrhG)

Effie und Arlo laufen mit ihrem Französischkurs zur Kirche Sacré-Coeur. Effie macht ein Selfie von sich und Arlo und postet es, ohne ihm davon zu erzählen, auf ihrem öffentlichen Instagram-Account. Ist das erlaubt?

Nicht erlaubt. (Hinweis: Hier folgt die rechtliche Erklärung erst nach dem nächsten Beispiel!)

Danach schickt Effie das Foto in eine WhatsApp-Gruppe mit ihren Freundinnen, die zu Hause geblieben sind. Ist das erlaubt?

Nicht erlaubt. Rechtliche Erklärung: Wenn du ein Foto von einer Gruppe machst, musst du alle Personen fragen, ob du es veröffentlichen darfst. Selbst wenn du das Foto an deine Freunde schicken möchtest, musst du vorher nachfragen. (§ 22 KunstUrhG)

Vor dem Louvre fragen die beiden einen Klassenkameraden, ob er ein Foto von ihnen machen könnte. Auf dem Foto sind nicht nur Arlo und Effie zu sehen, sondern noch zehn weitere Touristen, die den Louvre ebenfalls fotografieren. Arlo darf das Bild veröffentlichen, ohne alle umstehenden Touristen zu fragen, ob das in Ordnung für sie ist. Stimmt das?

Stimmt. Rechtliche Erklärung: Wenn du ein Foto von einer Sehenswürdigkeit machst, gelten die umstehenden Touristen als „Beiwerk" und du musst sie nicht um Einverständnis fragen. Sobald allerdings die anderen Personen im Fokus deines Fotos stehen, musst du sie um Einverständnis bitten. (§ 23 KunstUrhG)

Effie ändert ihr Profilbild, sodass nun ein Foto von ihr von dem Schulausflug nach Paris zu sehen ist. Ihre beste Freundin Anna sieht das Foto, macht einen Screenshot davon und schickt es mit einem Herz-Smiley ihrer Freundin Helene. Ist das erlaubt?

Nicht erlaubt. Rechtliche Erklärung: Du darfst keine Fotos von anderen Personen verbreiten, wenn diese nicht zugestimmt haben. (§ 22 KunstUrhG)

Drei Wochen nach der Klassenfahrt schickt Arlo Effie ein Foto von sich in Boxershorts. Ist das erlaubt?

Erlaubt. Rechtliche Erklärung: Ab 14 Jahren darf man im Einvernehmen der dargestellten Person und des/der Empfängers/Empfängerin ein freizügiges Foto zum persönlichen Gebrauch versenden. (§ 184c StGB)

Effies kleine Schwester (13 Jahre) sendet ihrem festen Freund Arvid (14 Jahre) ein Spiegel-Selfie von sich in Unterwäsche. Arvid speichert das Bild auf seinem Smartphone ab. Ist das erlaubt?

Nicht erlaubt. Rechtliche Erklärung: Freizügige Fotos und Videos von Kindern unter 14 Jahren gelten als Kinderpornografie. Das Empfangen und der Besitz sind strafbar. Der/die Sender:in (unter 14 Jahren) macht sich nicht strafbar. (§ 184b StGB)

Achtung: Sollte Arvid (14 Jahre) ein freizügiges Foto von sich an seine Freundin (13 Jahre) schicken, macht er sich ebenfalls strafbar, weil er jugendpornografisches Material an ein Kind sendet. (§ 176a StGB)

Nach dem Quiz sammeln Sie die roten und grünen Karten ein.

Formulierungsbeispiel

„Wir haben vorhin darüber gesprochen, welche Apps und Internetseiten ihr nutzt und welche Fotos und Videos ihr von euch und anderen im Internet veröffentlicht habt.

Wahrscheinlich verschickt ihr auch oft Fotos privat, zum Beispiel über WhatsApp. In diesem Modul wollen wir uns anschauen, welche Bildrechte es gibt. Also welche Rechte ihr selbst an euren Bildern habt, aber auch welche Rechte andere haben. Dazu schauen wir uns jetzt das Beispiel von Effie und Arlo an *(wenn es eine Effie oder einen Arlo in der Klasse gibt, darauf hinweisen, dass die Personen in den Beispielen fiktiv sind)*. Wer möchte die erste Folie vorlesen? *(Schüler:in auswählen, der/die Einleitungsfolie vorliest (Ankunft in Paris)) (Ab hier liest immer der/die Schüler:in, die neben dem/der Vorherigen sitzt)* Vielen Dank! Es gibt für jeden von euch eine grüne und eine rote Karte. Wir werden uns verschiedene Situationen rund um Arlo und Effie anschauen, in denen Fotos gemacht werden. Ihr sollt jeweils zeigen, ob ihr denkt, dass dieses Verhalten rechtlich korrekt ist oder nicht. Wenn ihr denkt, dass das Verhalten korrekt ist, dann hebt auf mein Zeichen die grüne Karte. Glaubt ihr, dass das Verhalten rechtlich nicht richtig ist, dann hebt ihr die rote Karte *(Karten verteilen)*. Wer möchte das erste Beispiel vorlesen? *(Schüler:in auswählen und vorlesen lassen)* Dann könnt ihr jetzt bei drei eure Karte hochhalten. Eins, zwei, drei. Ich sehe, dass du die rote Karte hochhältst. Was waren deine Überlegungen dabei, warum denkst du, dass die Aussage nicht stimmt? *(Eine:n Schüler:in befragen)*. Und du hältst eine grüne Karte hoch. Was waren deine Überlegungen dabei? *(Eine:n Schüler:in befragen)*. Diese Aussage ist nicht korrekt *(eine Folie weiterblättern: „Stimmt nicht")*. Dann möchte ich das Ganze auflösen und euch die rechtliche Erklärung dazu geben *(rechtliche Erklärung vorlesen, danach mit den anderen Beispielen nach dem gleichen Schema fortfahren)*.

Nun sind wir am Ende des Quiz angelangt. Ihr habt gesehen, dass es einige Regeln gibt, die man beachten muss, wenn man andere Menschen fotografieren möchte. Außerdem gibt es Rechte, wie man die Fotos später verwenden darf. Wir haben zum Beispiel gelernt, dass ich das Recht an Bildern von mir habe. Und dass ich mich strafbar mache, wenn ich die Bilder von anderen einfach veröffentliche oder an andere weiterleite, ohne zu fragen. Für freizügige Fotos gibt es nochmal besondere Regeln. Wenn man freizügige Fotos von Kindern unter 14 Jahren besitzt oder ihnen schickt, macht man sich strafbar.

Wer möchte das Modul 2 auf dem SPuR-Programmplan abhaken? *(Eine:n Schüler:in abhaken lassen)."* ◀

4.5 Modul 3: Was ist Sexting, wieso werden freizügige Fotos verschickt und welche Folgen kann es haben?

Ziel des Moduls

Die Schüler:innen kennen den Begriff Sexting und unterscheiden die daran Beteiligten anhand ihrer Rollen (Sender:in – Empfänger:in – Weiterleiter:in). Die Schüler:innen können die möglichen Motive je nach Beziehung der Beteiligten benennen und sind sich der Risiken bewusst, die mit Sexting verbunden sein können.

Ablauf	Dauer: 45 Minuten
• Einstiegsvideo: Was ist Sexting? • Definition von Sexting • Übung: Motive und Risiken von Sexting	

4.5.1 Einstiegsvideo: Was ist Sexting?

Lernziele: Die Schüler:innen setzen sich mit einem praktischen Fallbeispiel auseinander und entwickeln Ideen dazu, was Sexting ist.
Dauer: 5 Minuten

Material	Vorarbeiten
• Folien 36–37 • Video	• WLAN-Verbindung sicherstellen oder Video-Datei downloaden

Praktische Durchführungshinweise
Spielen Sie das Video ab, das Sie im elekrtonischen Zusatzmaterial finden. Geben Sie den Schülern/Schülerinnen danach kurz Zeit, um das Gesehene zu verarbeiten. Bitten Sie die Schüler:innen anschließend zu beschreiben, was sie im Video sehen konnten. Arbeiten Sie mit den Schülern/Schülerinnen heraus, dass es sich bei dem Vorfall im Video um Sexting handelt.

▶ **Videos zum Thema** Das SPuR-Präventionsprogramm beinhaltet ein eigenes, kurzes Video. Alternativ gibt es im Internet noch weitere Angebote zu Präventionsvideos, die genutzt werden können, wie z. B. das YouTube-Video zu „Megan's story" der australischen Präventionsinitiative „Think U Know Australia – The dangers of „sexting". Präventionsvideos können bei Bedarf auch als „Erklär-Video" über spezielle Softwareangebote selbst erstellt werden.

Formulierungsbeispiel

Instruktion zum SPuR-Erklärvideo: „Wir schauen uns zum Einstieg in das Thema „Sexting" gemeinsam ein kurzes Video an. In dem Video geht es wieder um Effie und Arlo, die wir schon von ihrem Schüleraustausch kennen *(Video wird abgespielt)*. Kann jemand von euch beschreiben, was er oder sie gesehen hat? *(Schüler:in beschreibt Video)*. Bei dem Vorfall in der Klasse von Effie handelt es sich um Sexting, weil sie ein freizügiges Bild von sich aufgenommen hat und dieses verschickt hat.

Alternative Instruktion zum englischsprachigen Video „Megan's story": (…) In dem Video geht es um Megan. Kann jemand von euch beschreiben, was er oder sie gesehen hat? *(Schüler:in beschreibt Video).* Bei dem Vorfall in der Klasse von Megan handelt es sich um Sexting, weil sie ein freizügiges Bild von sich aufgenommen hat und dieses verschickt hat". ◄

4.5.2 Definition von Sexting

Lernziele: Die Schüler:innen kennen die Definition von Sexting und können die Rollen der Beteiligten beim Sexting benennen.
Dauer: 5 Minuten

Material	Vorarbeiten
• Folie 38 • Plakat Sender:in/Empfänger:in/Weiterleiter:in (Material 5) oder Tafelbild Sender:in/Empfänger:in/Weiterleiter:in (Tafelbild III)	• Plakat ausdrucken oder Tafelbild zeichnen

Praktische Durchführungshinweise
Zeigen Sie die Folie mit der Definition von Sexting und lesen Sie diese vor.

▶ Sexting ist ein Kofferwort, bestehend aus den Wörtern „Sex" und „Texting". Es beschreibt das Versenden und Empfangen selbst produzierter, freizügiger Aufnahmen via Computer oder Smartphone. (…) Allgemein kann man sagen, dass es sich bei Sexting-Aufnahmen um Fotos in Badehose, Bikini oder Unterwäsche, Oben-ohne Aufnahmen sowie Nacktbilder bestimmter Körperregionen handelt. Anwendungen wie Snapchat und WhatsApp werden häufig für Sexting genutzt (Klicksafe, o. D.).

Erklären Sie, dass Texting „chatten" oder „Nachrichten schreiben" bedeutet. Anschließend hängen Sie das Plakat mit den Formen der Beteiligung an Sexting auf. Erklären Sie, dass es beim Sexting eine:n Sender:in, eine:n Empfänger:in und gegebenenfalls eine:n Weiterleiter:in gibt. Machen Sie deutlich, dass jeder Weiterleiter:in gleichzeitig Empfänger:in ist.

Es kann sein, dass die Schüler:innen fragen, wer solche Fotos verschickt und ob es überhaupt jemanden gibt, der so etwas macht. Wenn diese Frage gestellt wird, können Sie in der Gruppe diskutieren (z. B. „Was meint ihr? Gibt es Jugendliche, die freizügige Fotos von sich verschicken? Oder im Umkehrschluss: Gibt es Jugendliche, die von anderen freizügige Fotos zugeschickt bekommen?"). Weisen Sie darauf hin, dass die Häufigkeit von Sexting mit zunehmendem Alter steigt. Deshalb ist es wichtig, das Thema frühzeitig zu besprechen.

Außerdem kann es vorkommen, dass die Schüler:innen kichern oder anmerken, dass die Person, die das Foto von sich gemacht hat, selbst schuld an der Verbreitung ist. Bleiben Sie in diesem Fall ernst und erinnern Sie die Schüler:innen daran, dass die Person, die das Foto unerlaubt verbreitet, unrechtmäßig handelt und nicht die Person, die das Foto versendet hat (Abschn. 2.4.4).

Formulierungsbeispiel

„Es gibt es eine Definition von „Sexting". Ich lese die Definition vor *(Definition vorlesen)*. Sexting ist also das Verschicken und Empfangen von freizügigen Fotos. Texting bedeutet „chatten" oder „Nachrichten verschicken". Auch wenn das Wort „texting" in Sexting vorkommt, meinen wir mit Sexting das Senden und Empfangen von Fotos und nicht von Textnachrichten. Wir verwenden heute das Wort „Nudes". Damit sind freizügige Fotos gemeint, die verschickt werden. Wer von euch hat davon schon mal was gehört?

An Sexting kann man auf verschiedene Weise beteiligt sein *(Plakat aufhängen)*. Es gibt immer eine Person, die das Foto aufnimmt und verschickt *(auf Sender:in auf dem Plakat zeigen)*. Im Video ist das Effie. Außerdem gibt es eine Person, die das Foto erhält *(auf Empfänger:in auf dem Plakat zeigen)*. In unserem Fall ist das Arlo. Wenn diese Person das Foto an weitere Personen verschickt, wird er oder sie dadurch zum/zur Weiterleiter:in *(auf Weiterleiter:in auf dem Plakat zeigen)*. Jede:r Weiterleiter:in ist dabei gleichzeitig auch Empfänger:in. Das lassen wir jetzt erstmal so stehen und kommen später darauf zurück. Habt ihr Fragen bis hier hin?". ◀

4.5.3 Übung: Motive und Risiken von Sexting

Lernziele: Die Schüler:innen wissen, in welchen sozialen Beziehungen Sexting stattfinden kann und welche vielfältigen Motive es dafür geben kann. Sie beschreiben Risiken, die mit dem Versenden freizügiger Fotos verbunden sein können.
Dauer:
- 20 Minuten Kleingruppenarbeit
- 15 Minuten Präsentation in der Gesamtgruppe

Material	Vorarbeiten
• Folien 39–41	• Fallbeispiele ausdrucken
• Unterschiedlich farbige Moderationskarten	• Moderationskarten mit den Überschriften schreiben (Freundeskreis, romantische Beziehung, unverbindlicher Flirt, Anbahnung einer Beziehung)
• Fallbeispiele (jeweils Teil 1 + Teil 2) (Material 6)	
• Folienstifte	
• Kreppband	• Musterlösungen auf Moderationskarten schreiben

4.5 Modul 3: Was ist Sexting, wieso werden freizügige Fotos verschickt …

Praktische Durchführungshinweise

Kleingruppenarbeit
Zeigen Sie zunächst die Folie 39 und beschreiben Sie, dass Sexting in verschiedenen sozialen Beziehungen stattfinden kann und je nach Beziehung unterschiedliche Motive haben kann. Besprechen Sie dann die nächste Folie, auf der der Arbeitsauftrag für die Gruppenarbeit zu sehen ist. Erläutern Sie den Arbeitsauftrag und bilden Sie Gruppen mit 4–5 Schülern/Schülerinnen pro Gruppe. Je nach Anzahl der Gruppen bearbeiten mehrere Gruppen das gleiche Fallbeispiel. Sobald sich die Gruppen gefunden haben, geben Sie jeder Gruppe Teil 1 des ihr zugeteilten Fallbeispiels. Auf der Tafel notieren Sie, bis zu welcher Uhrzeit die Schüler:innen Zeit haben. Blenden Sie den Arbeitsauftrag auf Folie 40 ein. Die Schüler:innen lesen das Fallbeispiel und überlegen gemeinsam Gründe, warum die Personen in den Beispielen die freizügigen Bilder verschickt haben könnten. Die gesammelten Gründe schreiben die Schüler:innen mit Folienstift auf Moderationskarten.

Nach etwa der Hälfte der Zeit bekommen die Schüler:innen von Ihnen den Teil 2 des jeweiligen Fallbeispiels. Weisen Sie die Schüler:innen nun an, über mögliche Risiken von Sexting nachzudenken, die sich aus dem Fallbeispiel ergeben. Blenden Sie den Auftrag auf der Folie 41 ein. Auch die Risiken werden von den Schüler:innen mit Folienstiften auf Moderationskarten geschrieben.

Achten Sie bei den Moderationskarten darauf, dass Sie zwei unterschiedliche Farben oder Formen verwenden. Damit können Sie die Motive für Sexting (Teil 1) und die Risiken von Sexting (Teil 2) visuell gut voneinander trennen.

▶ **Möglichkeiten der Gruppenbildung**
- Durchzählen: Die Schüler:innen zählen durch (z. B. 1, 2, 3, 4, 1, 2, …) und die Schüler:innen mit der gleichen Zahl sind in einer Gruppe.
- Postkarten zerschneiden: Alle Schüler:innen bekommen ein Stück von einer Postkarte. Die Schüler:innen laufen im Raum umher und sollen ihre Gruppenmitglieder durch Zusammenlegen der einzelnen Stücke finden. Wenn die Postkarte vollständig ist, hat sich die Gruppe gefunden.
- Schütteldose mit Knöpfen: Die Schüler:innen ziehen nacheinander unterschiedlich farbige Knöpfe aus einer Dose. Alle Schüler:innen, die die gleiche Farbe gezogen haben, bilden eine Gruppe.
- Süßigkeiten: In einem Beutel befinden sich verschiedene Süßigkeiten. Wer dasselbe gezogen hat, kommt in eine Gruppe.

Fallbeispiele
Fallbeispiel romantische Beziehung:
Teil 1: Arlo und Effie sind seit einem halben Jahr ein Paar. Sie gehen in die gleiche Klasse. Effie macht zu Hause ein Foto von sich in Unterwäsche und schickt es per WhatsApp an Arlo.

Teil 2: Ungefähr ein Jahr später haben die beiden einen großen Streit und trennen sich. Arlo hat aber immer noch das Foto von Effie auf seinem Handy. Sie macht sich Gedanken darüber, was er jetzt wohl mit dem Foto anstellt.

Fallbeispiel Anbahnung einer Partnerschaft/Dating:
Teil 1: Aurelia geht in die Parallelklasse von Cedrik. Cedrik hat schon länger ein Auge auf Aurelia geworfen. Seit kurzem hat er ihre Nummer und sie schreiben regelmäßig. Cedrik schickt Aurelia ein Foto von sich in Badehose vom Schwimmtraining, auf dem man seinen trainierten Körper erkennt.

Teil 2: Aurelia weiß nicht so recht, was sie davon halten soll. Cedrik schreibt ihr, dass er sich auch ein Bikini-Foto von ihr wünscht und erzählt ihr, dass seine Exfreundin ihm auch immer viele sexy Nudes, also Nacktbilder, geschickt habe. Aurelia fühlt sich aber unwohl bei dem Gedanken daran, schließlich kennt sie Cedrik ja noch gar nicht so lange.

Fallbeispiel unverbindlicher Flirt:
Teil 1: Lorena und Tristan haben sich auf dem Geburtstag von Dominik kennengelernt. Sie haben ein bisschen geflirtet und am Ende Handynummern getauscht. Lorena macht zu Hause ein Foto von sich in Spitzenunterwäsche und schickt es per WhatsApp an Tristan.

Teil 2: Tristan schickt das Foto seinem besten Freund Rasmus. Er findet, dass das vollkommen okay ist, weil Lorena sich ja schließlich selbst dazu entschieden hat, so ein sexy Foto zu schicken. Rasmus schreibt Tristan, dass sich das für ein Mädchen überhaupt nicht gehört, so etwas zu versenden.

Fallbeispiel Freundeskreis:
Teil 1: Auf einer Klassenfahrt spielen die Schüler:innen „Wahrheit oder Pflicht". Dabei wird eine Flasche in der Mitte gedreht. Die Person, auf die die Flasche zeigt, darf sich entscheiden, ob sie eine Frage wahrheitsgemäß beantwortet oder eine Pflichtaufgabe bewältigt. Klaus ist als nächstes dran und entscheidet sich für eine Pflichtaufgabe. Die anderen sagen ihm, er soll mit seinem Handy im Badezimmer ein Foto von seinem nackten Po machen und dieses in die Klassen-WhatsApp-Gruppe stellen. Klaus zögert erst, erfüllt aber dann seine Pflicht.

Teil 2: Am nächsten Tag in der Schule hat Klaus ein komisches Gefühl. Er fühlt sich nicht wohl dabei, dass alle nun ein Foto von seinem nackten Po haben und er glaubt, dass einige um ihn herum über ihn tuscheln und kichern. Er hat bisher auch noch keinen Blick in die WhatsApp-Gruppe geworfen, bekommt aber angezeigt, dass es in der Gruppe 38 neue Nachrichten gibt.

4.5 Modul 3: Was ist Sexting, wieso werden freizügige Fotos verschickt …

Präsentation

Zur Vorstellung der Ergebnisse ihrer Gruppenarbeit bitten Sie die Schüler:innen ihre Moderationskarten zu den Motiven und Risiken von Sexting unter der jeweils passenden Überschrift (Freundeskreis, Romantische Beziehung, Unverbindlicher Flirt, Anbahnung einer Beziehung) an der Tafel/Pinnwand anzubringen (Abb. 4.1). Anschließend fängt ein:e Schüler:in an, den ersten Teil des Fallbeispiels der eigenen Gruppe vorzulesen. Daraufhin stellt ein:e Schüler:in der jeweiligen Gruppe die dazugehörigen notierten Gründe vor. Sie kommentieren anschließend den Beitrag der Gruppe mit der Frage, ob die anderen Gruppen noch etwas zu ergänzen haben. Werden bestimmte Motive nicht genannt, ergänzen Sie die Gründe (siehe Kasten „Sexting-Motive"), die sich entweder schon auf vorgefertigten Moderationskarten befinden oder spontan von Ihnen notiert werden. Dieses Vorgehen wiederholen Sie für jede Gruppe auch zu den anderen Beziehungsformen. Am Ende der Präsentationen ergänzen Sie die Motive, die für alle Beziehungsformen gelten können. Anschließend liest ein:e Schüler:in den zweiten Teil des Fallbeispiels vor. Dabei gehen Sie bei der Moderation genauso vor, wie bei den Motiven für Sexting. Am Ende der Präsentation lassen Sie das Modul auf dem SPuR-Programmplan abhaken.

Abb. 4.1 Übung – Motive und Risiken

Sexting-Motive (die ergänzt werden können)
- Romantische Beziehung
  - Zeichen der Zuneigung
  - Bekräftigung der Beziehung
  - Intimität aufrechterhalten (z. B. in einer Fernbeziehung)
  - Vertrauensbeweis
  - Aufmerksamkeit vom Partner bekommen
  - Einfachere Möglichkeit, um Gefühle und Sexualität auszudrücken
  - Wunsch auch ein Foto zu bekommen
- Anbahnung einer Partnerschaft/Dating
  - Annäherung vorantreiben
  - Interesse steigern
  - Potenzielle:r Partner:in?
- Unverbindlicher Flirt
  - Experimentieren
- Freundeskreis
  - Bestätigung
  - Anerkennung
  - Mutprobe
- Für alle passend:
  - Flirten/Spaß
  - Druck von außen, um Norm zu entsprechen
  - Annäherung an sexuelle Aktivitäten
  - Langeweile
  - Erregung des/der Empfängers/Empfängerin
  - Unbeabsichtigtes Verschicken
  - Streich/Witz
  - Ausdruck von sexuellem Verlangen
  - Selbstdarstellung/Positives Feedback über den eigenen Körper erhalten

Risiken von Sexting (die ergänzt werden können)
- Romantische Beziehung
  - Druckmittel nach einer Trennung
  - Auslöser eines Streits
- Anbahnung einer Partnerschaft/Dating
  - Sich unwohl fühlen
  - Sich unter Druck gesetzt fühlen
  - Ungewolltes Senden
  - Ungewolltes Empfangen
- Unverbindlicher Flirt

4.5 Modul 3: Was ist Sexting, wieso werden freizügige Fotos verschickt ...

- Die/der Sender:in/in wird selbst für ungewollte Verbreitung verantwortlich gemacht
- Mädchen werden als „Schlampen" abgestempelt
- Freundeskreis
  - Mobbing
  - Cybermobbing
  - Druck durch Gleichaltrige
- Für alle passend:
  - Angst und Stress bei ungewolltem Empfangen
  - Angst und Stress bei erzwungenem Senden
  - Ungewollte Verbreitung eines Fotos
  - Streit/Konflikte/(Cyber-)Mobbing
  - Auflösen einer Partnerschaft oder eines Flirts
  - Sender:in wird in eine Schublade gesteckt (Victim Blaming)
  - Erpressung

Formulierungsbeispiel

Kleingruppenarbeit

„Sexting kann in verschiedenen sozialen Beziehungen stattfinden: in festen Beziehungen, wenn sich eine neue Partnerschaft anbahnt, bei unverbindlichen Flirts oder im Freundeskreis *(Folie zeigen)*. Die Gründe, auch Motive genannt, warum freizügige Fotos verschickt werden, können je nach Art der Beziehung unterschiedlich sein. Diese unterschiedlichen Gründe werdet ihr nun gemeinsam in einer Gruppenarbeit erarbeiten, die ich euch erklären möchte. Ihr erhaltet gleich in Gruppen je ein Fallbeispiel, das ihr euch zunächst genau durchlesen sollt. Dann überlegt ihr gemeinsam, aus welchen Gründen die Person in eurem Beispiel das Foto verschickt haben könnte. Schreibt die Gründe bitte auf die Moderationskarten.

Nun bilden wir die Gruppen. Bildet bitte eine Gruppe und setzt euch zusammen *(Schüler:innen finden sich in Gruppen zusammen. Verteilen Sie jeweils den ersten Teil der Fallbeispiele)*. Lest euch bitte das Fallbeispiel durch und notiert anschließend die Gründe auf den Moderationskarten *(Folie mit Arbeitsauftrag einblenden)*. Dafür habt ihr 10 min Zeit, also bis ... Uhr. Ich schreibe euch die Uhrzeit an die Tafel *(10 Minuten warten.)* Jetzt bekommt ihr alle einen zweiten Teil eures Fallbeispiels. Ihr könnt nun gemeinsam überlegen, inwiefern Sexting auch negative Folgen haben kann *(Folie mit Arbeitsauftrag einblenden)*. Notiert die Risiken von Sexting auf den Moderationskarten. Dafür habt ihr noch einmal 10 min Zeit. Bestimmt eine Person aus eurer Gruppe, die eure Ergebnisse anschließend vorstellt."

Präsentation

„Bitte bringt eure Moderationskarten nach vorne und bringt sie unter der passenden Überschrift an *(Schüler:innen hängen Moderationskarten auf)*. Könnte bitte jemand aus einer der Gruppen, die sich die Gründe in romantischen Beziehungen überlegt haben, das Fallbeispiel für alle laut vorlesen? *(Schüler:in liest Fallbeispiel vor)*. Danke! Bitte lest die Gründe vor, die ihr gefunden habt *(Vorher ausgewählte:r Schüler:in liest Gründe vor)*. Haben die Schüler:innen aus den anderen Gruppen weitere Ideen? *(Schüler:innen drannehmen. Kommentieren und ergänzen)*. Kann jemand aus einer der Gruppen, die sich Gründe für Sexting bei der Anbahnung einer Beziehung überlegt haben, das Fallbeispiel vorlesen? *(Schüler:in liest Fallbeispiel vor)*. Danke! Bitte lest die Gründe vor, die ihr gefunden habt *(Vorher ausgewählte:r Schüler:in liest Gründe vor)*. Haben die Schüler:innen aus den anderen Gruppen weitere Ideen? *(Schüler:innen drannehmen. Kommentieren und ergänzen)*. *(Gleiches Vorgehen für die anderen Beziehungsformen)*. Unabhängig von den Fallbeispielen kann es weitere Gründe für Sexting geben, die auf verschiedene Beziehungsformen zutreffen können. Diese möchte ich euch vorstellen *(Allgemeine Gründe vorstellen und aufhängen)*.

Wie ihr seht, gibt es viele Gründe für Sexting, die je nach Beziehungstyp unterschiedlich sein können. Was auch immer der Grund für das Versenden von freizügigen Bildern ist, die Folgen können ähnlich sein. Es gibt viele positive Konsequenzen. Es kann aber auch negative Folgen haben. Kann jemand aus den Gruppen, die sich mit Sexting in romantischen Beziehungen beschäftigt haben, bitte den zweiten Teil des Fallbeispiels laut vorlesen? *(Schüler:in liest Fallbeispiel vor)*. Danke! Welche Risiken sind euch eingefallen? *(Vorher ausgewählte:r Schüler:in liest Risiken vor)* Haben die Schüler:innen aus den anderen Gruppen weitere Ideen? *(Schüler:innen drannehmen, kommentieren und ergänzen)*. Könnte bitte jemand aus einer der Gruppen, die sich mit Risiken beim Sexting bei der Anbahnung einer Beziehung beschäftigt haben, den zweiten Teil des Fallbeispiels vorlesen? *(Schüler:in liest Fallbeispiel vor)*. Danke! Bitte lest die Risiken vor, die ihr gefunden habt *(Vorher ausgewählte:r Schüler:in liest Gründe vor)*. Haben die Schüler:innen aus den anderen Gruppen weitere Ideen? *(Schüler:innen drannehmen, kommentieren und ergänzen)*. *(Gleiches Vorgehen für die anderen Beziehungsformen)*.

Ähnlich wie bei den Gründen kann es auch unabhängig von den Fallbeispielen weitere negative Folgen von Sexting geben, die auf unterschiedliche Beziehungsformen zutreffen können. Diese möchte ich euch gerne vorstellen *(Allgemeine Gründe vorstellen und aufhängen)*.

Damit sind wir am Ende des Moduls angelangt und können nun diesen Punkt auf dem SPuR-Programmplan abhaken *(Schüler:in abhaken lassen)*." ◄

4.6 Modul 4: Wie fühlt es sich an, wenn ein freizügiges Foto in Umlauf gerät?

Ziel des Moduls

Die Schüler:innen wissen und verstehen, dass das Weiterleiten von freizügigen Fotos das problematische Verhalten beim Sexting ist. Sie lernen die Gefühle der Beteiligten (Sender:in, Empfänger:in, Weiterleiter:in) kennen und können diese nachvollziehen.

Ablauf	Dauer: 30 Minuten
• Übung: Tagebucheintrag	

4.6.1 Übung: Tagebucheintrag

Lernziele: Die Schüler:innen wissen und verstehen, dass das Weiterleiten von freizügigen Fotos das problematische Verhalten beim Sexting ist. Sie lernen die Gefühle der Beteiligten (Sender:in, Empfänger:in, Weiterleiter:in) kennen und können diese nachvollziehen.

Dauer:
- 10 Minuten Einzelarbeit
- 10 Minuten Gruppenarbeit
- 10 Minuten Reflexion in der Klasse

Material	Vorarbeiten
• Folien 42–48 • Tagebuch-Arbeitsblätter (Material 7) • Plakat Sender:in/Empfänger:in/Weiterleiter:in (Material 5) oder Tafelbild Sender:in/Empfänger:in/Weiterleiter:in (Tafelbild III)	• Tagebuch-Arbeitsblätter ausdrucken und sortieren

Praktische Durchführungshinweise

Einzelarbeit

In dieser Übung können Sie wieder das Fallbeispiel von Arlo und Effie nutzen, das in Modul 3 als Beispiel für eine romantische Beziehung diente. Dieses Fallbeispiel wird nun erweitert und auf zwei Folien beschrieben (Folien 43 und 44). Lesen Sie das Fallbeispiel laut vor.

> **Fallbeispiel**
> Arlo und Effie sind seit einem halben Jahr ein Paar. Sie gehen in die gleiche Klasse. Effie macht zu Hause ein Foto von sich in Spitzenunterwäsche und schickt es per WhatsApp an Arlo. Sie möchte ihn damit beeindrucken und ihm zeigen, dass sie ihm so ein Foto anvertraut. Als sie das Foto verschickt ist sie aufgeregt und gespannt, was Arlo dazu sagt. Als Arlo das Foto erhält, freut er sich und ist sehr stolz eine so hübsche Freundin zu haben. Er möchte seine Freude über das Foto mit seinem besten Freund Hennes teilen und schickt ihm das Foto weiter. Hennes ist im Moment ziemlich sauer auf Arlo. Seit Arlo mit Effie zusammen ist, hat er kaum noch Zeit für ihn. Um ihm eins auszuwischen, schickt er das Foto in eine WhatsApp-Gruppe der Jungen der Klasse. Als Arlo am nächsten Tag in die Schule kommt, hat er irgendwie ein schlechtes Gefühl. Er hört mehrere Mitschüler leise tuscheln. In der Schulaula entdeckt er schließlich Effie, die alleine in einer Ecke sitzt und so aussieht als hätte sie geweint. Arlo fragt sich, was los ist. Als er auf Effie zugehen will, schreit sie ihn an: „Und dir habe ich vertraut, du Mistkerl!".

Nachdem Sie das Fallbeispiel vorgelesen haben, leiten Sie die Schüler:innen an, einen Tagebucheintrag aus der Sicht eines der Beteiligten (d. h. Effie, Arlo oder Hennes) zu schreiben. Dazu erhalten die Schüler:innen ein Arbeitsblatt von Ihnen und werden in drei Gruppen eingeteilt. Jede Gruppe bekommt einen der drei Charaktere. Lassen Sie dazu die Gruppe durchzählen (1,2,3,1,2,3…). Zeigen Sie dann die Folie (Folie 45) mit dem Arbeitsauftrag.

Verteilen Sie dann die Arbeitsblätter und achten Sie darauf, dass es drei Varianten davon gibt. Am Ende jedes Arbeitsblattes steht jeweils der Name der Person, aus deren Sicht der Tagebucheintrag geschrieben werden soll. Die Arbeitsblätter müssen also korrekt an die Schüler:innen ausgeteilt werden. Im Idealfall sortieren Sie die Blätter vorher vor, sodass auf ein „Effie"-Arbeitsblatt, ein „Arlo"-Arbeitsblatt und dann ein „Hennes"-Arbeitsblatt folgt. Blenden Sie das vollständige Fallbeispiel ein (Folie 46). Während die Schüler:innen die Aufgabe in Stillarbeit erledigen, hängen Sie den Namen „Effie" neben „Sender:in", den Namen „Arlo" neben „Empfänger:in" und den Namen „Hennes" neben „Weiterleiter:in" auf das Plakat/Tafel.

Kleingruppenarbeit
Bitten Sie die Schüler:innen sich jeweils zu dritt zusammenzusetzen, sodass Personen mit jeweils einem Tagebucheintrag von Effie, von Hennes und von Arlo zusammensitzen. Es bietet sich an, dass sich die Schüler:innen mit ihren Sitznachbarn/Sitznachbarinnen zusammentun. Achten Sie darauf, dass am Ende kein:e Schüler:in übrigbleibt. Wenn die Gruppengröße nicht durch drei teilbar ist, werden eine oder zwei Vierergruppen gebildet. Weisen Sie die Schüler:innen an, sich gegenseitig ihre Tagebucheinträge vorzulesen und anschließend darüber zu diskutieren, inwieweit sie die Perspektive der anderen verstehen

4.6 Modul 4: Wie fühlt es sich an, wenn ein freizügiges Foto in Umlauf gerät?

und deren Gefühle nachvollziehen können. Lassen Sie die Folie (Folie 47) mit der Erklärung des Arbeitsauftrags eingeblendet, solange die Schüler:innen diskutieren. Gehen Sie während der Gruppenarbeit umher und bleiben Sie für die Schüler:innen ansprechbar.

Reflexion mit der Gesamtgruppe
Reflektieren Sie zum Abschluss der Übung mit der Gesamtgruppe, was die Kleingruppen besprochen haben (Folie 48). Ermuntern Sie die Schüler:innen, sich freiwillig daran zu beteiligen. Fragen Sie, was in der Gruppe besprochen und diskutiert haben. Fassen Sie die Beiträge der Schüler:innen zusammen, gehen Sie bei manchen Beiträgen auch mehr ins Detail, wenn Ihnen das für die Gruppe als wichtig erscheint. Ziehen Sie am Ende ein Fazit und lassen Sie das Modul auf dem SPuR-Programmplan abhaken.

Formulierungsbeispiel

Einzelarbeit
„Nun schauen wir uns an, was passiert, wenn ein freizügiges Foto weitergeschickt wird, ohne dass die Person, die auf dem Foto zu sehen ist, das wollte. Dazu schauen wir noch einmal auf Arlo und Effie *(Fallbeispiel auf Folien vorlesen)*. Eure Aufgabe ist es, einen Tagebucheintrag aus der Sicht einer der drei Personen zu schreiben, die in der Geschichte vorkommen. Dazu teile ich euch ein. Ich zähle einmal durch und alle Personen mit der Nummer 1 sollen aus der Sicht von Effie schreiben, alle mit der Nummer 2 aus der Sicht von Arlo und alle mit der Nummer 3 aus der Sicht von Hennes. Eins, zwei, drei… *(Gruppe der Schüler:innen komplett durchzählen, Arbeitsauftrag auf Folien einblenden)*. Ich verteile euch Arbeitsblätter, auf die ihr den Tagebucheintrag schreiben könnt. Am Ende des Blattes steht der Name von der Person, aus deren Sicht ihr schreiben sollt. Versucht, euch so gut wie möglich in die Person hineinzuversetzen. Ihr habt insgesamt 10 min Zeit *(Blätter verteilen, Folie Nummer 46 mit dem kompletten Fallbeispiel einblenden)*."

Gruppenarbeit
„Nachdem ihr den Tagebucheintrag geschrieben habt, würde ich euch bitten, euch zu dritt zusammenzufinden, sodass ihr jeweils als ein Hennes, eine Effie und ein Arlo zusammensitzt. Lest euch dann gegenseitig eure Tagebucheinträge vor. Bitte hört den anderen aufmerksam zu. Danach bitte ich euch, in der Dreiergruppe zu diskutieren, ob ihr die Sichtweise der anderen nachvollziehen könnt. Dafür habt ihr 10 min Zeit. Bitte setzt euch jeweils mit euren beiden Nachbarn/Nachbarinnen zusammen. Also ihr drei *(erste Dreier-Gruppe zeigen)* bildet eine Gruppe und ihr drei *(zweite Dreier-Gruppe zeigen)* und so weiter. Ihr bildet bitte eine Vierergruppe *(falls in der Klasse nötig)*. Achtet darauf, dass ihr euch gleichmäßig im Raum verteilt und so leise sprecht, dass die anderen Gruppen ungestört arbeiten können."

Reflexion in der Klasse

„Ihr habt euch gegenseitig die Tagebucheinträge vorgelesen und darüber gesprochen, was ihr über die Sichtweisen der anderen denkt. Wir wollen noch einmal gemeinsam darüber sprechen, wie eure Diskussionen verlaufen sind.

Mögliche Impulsfragen (die nächste Frage erst stellen, wenn die vorherige beantwortet wurde):

- Worüber habt ihr in euren Gruppen diskutiert?
- Wie konntet ihr euch beim Schreiben in eure eigene Person hineinversetzen?
- Welche Beweggründe der anderen Personen konntet ihr nachvollziehen, als sie euch die Tagebucheinträge vorgelesen haben?

(Nach der Diskussion) Ihr habt gesehen, dass es schmerzhaft sein kann, wenn ein freizügiges Foto weitergeleitet wird. Deshalb solltet ihr darauf achten, solche Fotos nicht weiterzuschicken. Und bevor ihr selbst ein Foto verschickt, überlegt euch, ob ihr der anderen Person vertrauen könnt.

Wer von euch möchte das Modul auf dem Programmplan abhaken? *(Schüler:in abhaken lassen)*". ◄

4.7 Modul 5: Was kann ich tun, wenn ein freizügiges Foto in Umlauf gerät? Wie kann Sexting sicher gestaltet werden?

Ziel des Moduls

Die Schüler:innen wissen, welche Handlungsmöglichkeiten es gibt, wenn ein freizügiges Foto in Umlauf geraten ist. Sie kennen Strategien wie sie Sexting auf eine verantwortungsbewusste Art und Weise ausführen können.

Ablauf	Dauer: 30 Minuten
• Übung: Die HELP-Strategien: Verhalten bei der Verbreitung von freizügigen Fotos • Übung: Sexting-Situationen einschätzen • Zusammenfassung Safer Sexting	

4.7.1 Übung: Die HELP-Strategien: Verhalten bei der Verbreitung von freizügigen Fotos

Lernziele: Die Schüler:innen lernen mit den HELP-Strategien konkrete Handlungsmöglichkeiten im Fall einer ungewollten Verbreitung eines freizügigen Fotos kennen. Sie können Handlungsstrategien für Sender:innen, Empfänger:innen und Weiterleiter:innen benennen.
Dauer: 10 Minuten

Material	Vorarbeiten
• Folien 49–51 • Moderationskarten • Folienstifte • Plakat Sender:in/Empfänger:in/Weiterleiter:in (Material 5) oder Tafelbild Sender:in/Empfänger:in/Weiterleiter:in (Tafelbild III)	• Moderationskarten mit Musterlösungen schreiben • Plakat ausdrucken und aufhängen oder Tafelbild zeichnen

Praktische Durchführungshinweise

Leiten Sie die Schüler:innen an, an das Fallbeispiel von Effie, Arlo und Hennes zu denken. Diskutieren Sie mit der Gesamtgruppe die Frage, was jede dieser Personen jetzt, wo das Bild im Umlauf ist, tun könnte. Blenden Sie dabei den Arbeitsauftrag (Folie 50) ein. Schreiben Sie die Antworten der Schüler:innen auf Moderationskarten und kleben Sie diese an die entsprechende Stelle auf dem Plakat („Was kann Effie tun?" an die Stelle der Senderin, „Was kann Arlo tun?" an die Stelle des Empfängers und „Was kann Hennes tun?" an die Stelle des Weiterleiters) (Abb. 4.2). Am Ende ergänzen Sie die noch nicht genannten Möglichkeiten. Mithilfe einer Folie (Folie 51) strukturieren und benennen Sie die erarbeiteten Handlungsmöglichkeiten als HELP-Strategien.

Die HELP-Strategien als konkrete Handlungsmöglichkeiten
- Sender:in:
  - **H**ilfe holen: Einem Erwachsenen Bescheid geben (z. B. Lehrkraft, Eltern, Schulsozialarbeiter:in, Schulpsychologe/Schulpsychologin, Ansprechpartner:in bei der *Nummer gegen Kummer* (Telefonnummer: 116111)…)
  - **E**motionen gegenüber den weiterleitenden Personen mitteilen: „Ich fühle mich wütend/enttäuscht/traurig, weil…"
  - **L**öschen verlangen: Die Beteiligten bitten, das Foto zu löschen und bei den Beschwerdestellen der sozialen Medien die Löschung des Fotos verlangen
  - **P**rivatsphäre und Rechte einfordern: Rechte am eigenen Foto benennen, Beweise sichern, ggf. zur Polizei gehen

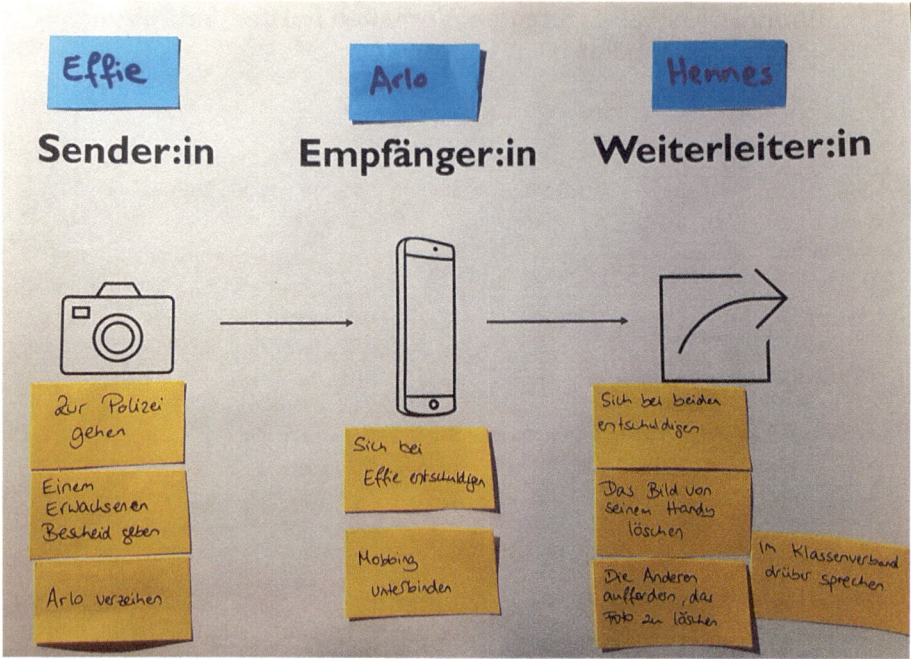

Abb. 4.2 Übung – Die HELP-Strategien

- Empfänger:in & Weiterleiter:in:
  - **H**ilfe holen: Einen Erwachsenen einbeziehen (z. B. Lehrkraft, Eltern, Schulsozialarbeiter:in, Schulpsychologe/Schulpsychologin, Ansprechpartner:in bei der *Nummer gegen Kummer (Telefonnummer:* 116111)…)
  - **E**ntschuldigen: Sich entschuldigen und die Verantwortung für das eigene Handeln übernehmen
  - **L**öschen und löschen verlangen: Das Foto vom eigenen Handy löschen und andere Beteiligte auffordern, das Foto zu löschen
  - **P**rivatsphäre und Rechte für andere einfordern: Seine Mitschüler:innen, die das Foto erhalten haben, ansprechen und sie auf Bildrechte hinweisen

Bei Gruppendiskussionen können immer wieder weniger konstruktive Handlungsmöglichkeiten von Einzelnen benannt werden (z. B. „Die Schule wechseln", „Niemandem davon erzählen", „Effie auslachen"). Besprechen Sie solche Wortmeldungen zuerst mit der Gesamtgruppe, indem Sie eine Frage stellen wie z. B. „Das kann eine Möglichkeit sein zu handeln. Was sagt ihr dazu? Welche Vorteile und Nachteile kann dieser Vorschlag haben?" Geben Sie anschließend auch eine Rückmeldung dazu, wie Sie über den Vorschlag denken, indem Sie bestimmte genannte Nachteile bekräftigen, ergänzen oder bei Bedarf ein klares Statement zu den rechtlichen Bedingungen des Angesprochenen geben.

Formulierungsbeispiel

„Ihr habt gerade in der Gruppenarbeit darüber gesprochen, wie es sich anfühlt, wenn ein freizügiges Foto weitergeschickt wird. Jetzt wollen wir uns damit beschäftigen, welche Handlungen möglich sind, wenn ein Foto ungewollt in Umlauf geraten ist. Denkt noch einmal an Effie, Arlo und Hennes *(Folie mit Arbeitsauftrag einblenden)*. Was meint ihr, was könnte jeder der drei jetzt tun, wo das Foto im Umlauf ist? Ich rufe euch nacheinander auf und schreibe auf, was ihr sagt *(sammeln)*. Habt ihr noch mehr Ideen? Euch sind sehr viele Möglichkeiten eingefallen. Ich möchte noch ergänzen, dass… *(Moderationskarten um die vorher beschriebenen ergänzen, falls nötig)*. Ich habe euch auf der Folie zusammengefasst, welche Handlungsmöglichkeiten es gibt. Ihr könnt sie euch mit dem Wort HELP merken. Ich hoffe, ihr habt jetzt eine Vorstellung davon, was ihr tun könnt, wenn ein freizügiges Foto ungewollt verbreitet wurde. Es ist wichtig, dass ihr eure Freunde/Freundinnen unterstützt, wenn ihnen so etwas passiert. Außerdem solltet ihr euch nicht unterkriegen lassen. Wenn ihr ein Problem mit einer solchen Situation habt, könnt ihr euch an einen Erwachsenen wenden, z. B. eure Eltern, den/die Schulsozialarbeiter:in oder eine Lehrkraft." ◄

4.7.2 Übung: Sexting-Situationen einschätzen

Lernziele: Die Schüler:innen können ihr Wissen zu Safer Sexting anwenden, um in verschiedenen Situationen zwischen risikoreichem und verantwortungsbewusstem Sexting zu unterscheiden.
Dauer: 15 Minuten

Material	Vorarbeiten
• Folien 52–58 • Rote, gelbe, grüne Karten für jede:n Schüler:in (ca. 8 × 6 cm)	• Rote, gelbe, grüne Karten aus Pappe ausschneiden und ggf. laminieren

Praktische Durchführungshinweise

Verteilen Sie die roten, gelben und grünen Karten. Jede:r bekommt drei unterschiedlich farbige Karten. Stellen Sie dann die Fallbeispiele vor und bitten Sie die Schüler:innen mit der Karte zu bewerten, wie sie das jeweilige Szenario fänden, wenn es ihnen selbst passieren würde. Erklären Sie die Farbgebung: Rot bedeutet: „Das fände ich schlimm." Gelb bedeutet: „Da bin ich unentschieden. Es kommt drauf an." Grün bedeutet: „Das finde ich in Ordnung." (Folie 52). Stellen Sie die Fallbeispiele nacheinander auf Folien vor, indem Sie sie vorlesen. Lassen Sie die Schüler:innen kurz nachdenken, zählen Sie dann bis drei. Bei „drei" sollen alle Schüler:innen eine Karte hochhalten. Betrachten Sie das Farbbild und befragen Sie Schüler:innen mit den jeweiligen Kartenfarben nach dem

Grund ihrer Bewertung. Fragen Sie nur Schüler:innen, die sich freiwillig melden. Wenn sich niemand meldet, wird niemand befragt. In so einem Fall können Sie das Farbenbild beschreiben („Ich sehe ganz viele grüne Karten. Viele von euch schätzen diese Situation als in Ordnung ein.", „Ich sehe ein sehr gemischtes Bild. Rote, gelbe und grüne Karten. Hier seid ihr euch weniger einig, wie ihr über die Situation denkt.", „Ganz klar rot. Ich sehe, diese Situation ist für die meisten hier nicht in Ordnung.").

▶ Hier könnten sich Schüler:innen über Wortmeldungen und Beispiele lustig machen. Es ist wichtig, dass Sie ernst bleiben und die Schüler:innen ggf. ermahnen, die Antworten der anderen zu respektieren und nicht zu kommentieren.

Fallbeispiele
- Cora und Emilian sind ein Paar. Cora fragt Emilian, ob er ihr ein Foto von sich in Boxershorts schicken kann. Emilian fühlt sich erst etwas unwohl, schickt ihr aber ein Foto, um ihr einen Gefallen zu tun.
- Holly und Jo sind seit zwei Jahren zusammen. Sie vertrauen sich. Holly schickt Jo ab und zu intime Fotos von sich, um ihre Zuneigung zu zeigen.
- Nach einem weiteren halben Jahr trennen sie sich. Holly hat inzwischen einen neuen Freund. Jo hat nach wie vor Hollys Fotos auf seinem Handy.
- Lanah hat ein Foto von sich in Unterwäsche verschickt. Auf dem Foto ist ihr Kopf nicht zu sehen. Das Foto ist in ihrer Schule in Umlauf geraten. Es wird spekuliert, ob Lanah die Person auf dem Foto ist.
- Pablo und Orlando kennen sich seit einigen Wochen und daten sich. Seit sie sich kennen, schreiben sie viel über WhatsApp. Seit Kurzem schicken sie sich hin und wieder gegenseitig freizügige Fotos.
- Nia und Sally sehen sich gerne Model-Casting-Shows an und machen auch häufig Fotos von sich in Model-Posen. Heute wollen sie ein sexy Bikini-Fotoshooting machen. Sie fotografieren sich gegenseitig mit Nias Smartphone. Nia schickt Sally die Fotos über WhatsApp zu, Sally stellt diese Bilder sofort auf Instagram.

Formulierungsbeispiel

„Wir möchten gemeinsam schauen, wie ihr verschiedene Sexting-Situationen bewerten würdet, wenn sie euch passieren würden. Also welche Szenarien ihr wie fändet. Dazu bekommt ihr Karten in den Farben rot, gelb und grün, also wie die Farben einer Ampel. Ich lese euch immer ein Fallbeispiel vor und wenn ihr die Situation schlimm fändet, hebt ihr auf mein Zeichen die rote Karte. Wenn ihr unentschlossen seid und findet, dass es darauf ankommt, dann hebt ihr die gelbe Karte. Wenn ihr es in Ordnung fändet, hebt ihr die grüne Karte. Es gibt keine richtigen oder falschen

Antworten. Es geht um eure persönliche Einschätzung. Wir fangen mit dem ersten Beispiel an *(erstes Beispiel vorlesen)*. Dann hebt bitte jeder eine Karte hoch. Wer möchte kurz erklären, warum er/sie rot/gelb/grün gewählt hat? Aus welchen Gründen hast du dich für die rote Karte entschieden?". ◄

4.7.3 Zusammenfassung Safer Sexting

Lernziele: Die Schüler:innen kennen Strategien, wie sie Sexting sicher gestalten können.
Dauer: 5 Minuten

Material	Vorarbeiten
• Folien 59–60	• Keine

Praktische Durchführungshinweise
Kündigen Sie an, dass es jetzt darum geht, Sexting möglichst risikoarm zu gestalten. Fragen Sie dazu zunächst die Schüler:innen, ob sie selbst Ideen dazu haben, wie man Sexting sicher gestalten kann (Folie 59). Präsentieren Sie dann mithilfe der Folien (Folie 60) Safer-Sexting-Empfehlungen. Anschließend lassen Sie das Modul auf dem SPuR-Programmplan abhaken.

Tipps für Safer Sexting
- Einverständnis:
  - Mache nur beim Sexting mit, wenn du es wirklich willst.
- Vertrauen:
  - Betreibe Sexting nur mit einer verantwortungsvollen Person. Mache dieser Person klar, dass das Foto exklusiv für sie gedacht ist.
- Wechselseitigkeit:
  - Betreibe Sexting nicht einseitig, indem nur du Fotos schickst, sondern wechselseitig.
- Diskrete Fotos:
  - Anstelle von sexuell sehr eindeutigen Fotos oder Nacktbildern, kannst du Unterwäsche- oder Badehosen/Bikini-Fotos verschicken, die sind weniger peinlich, falls sie herumgezeigt werden.
- Anonyme Fotos:
  - Sexting-Fotos können anonymisiert werden, indem du einen Ausschnitt wählst, auf dem dein Gesicht (oder andere identifizierende Merkmale) nicht zu sehen sind.
- Zeigen statt senden:
  - Zeige dein Foto auf deinem Handy anstatt es zu versenden.

- Rechtslage:
  - Kündige rechtliche Schritte an, wenn jemand droht, Fotos von dir weiterzuleiten. Behalte im Kopf, dass freizügige Fotos von Kindern unter 14 Jahren als Kinderpornografie gelten und der Besitz strafrechtlich verfolgt werden kann.
- Respekt:
  - Wird dein Foto ungewollt verbreitet: Stehe zu dem, was du gemacht hast und zu deinem Körper. Du hast nichts falsch gemacht. Schämen sollten sich diejenigen, die Fotos weiterleiten und andere mobben oder sich lustig machen.

Formulierungsbeispiel

„Vielleicht habt ihr in der letzten Übung Ideen gesammelt, worauf man achten sollte, wenn man ein freizügiges Foto verschicken will. Welche Ideen habt ihr? *(Folie 59 einblenden, Schüler:innen drannehmen und kommentieren).* Ich habe für euch einige Empfehlungen zusammengefasst, die wichtig sind, wenn ihr überlegt, ein freizügiges Foto zu verschicken *(Safer Sexting Tipps vorstellen).* Habt ihr noch Fragen?

Wir haben uns heute damit beschäftigt, wie viel wir von uns im Internet preisgeben wollen. Außerdem haben wir uns angeschaut, was Sexting ist, warum man freizügige Fotos verschickt und welche Folgen es haben kann, wenn das Foto weitergeleitet wird. Wir haben uns auch damit beschäftigt, wie man reagieren kann, wenn ein freizügiges Foto verbreitet wurde. Zuletzt haben wir gelernt, wie man das Versenden von freizügigen Fotos sicher gestalten kann. Wir sind mit dem inhaltlichen Teil des SPuR-Präventionsprogramms jetzt fertig.

Wer möchte diesen Punkt auf dem SPuR-Programmplan abhaken? *(Schüler:in abhaken lassen).*" ◄

4.8 Feedbackmodul

Ziel des Feedbackmodul
Die Schüler:innen haben die Möglichkeit, persönliches Feedback zu geben.

Ablauf	Dauer: 5–10 Minuten
• Ausführliches Feedback: Feedback-Gespräch oder • Kurzes Feedback: „Alle, die…" mit Feedback-Sätzen	

▶ **Hinweis** Es gibt zwei Varianten für das Feedback in der Klasse. Es sollte die Variante ausgewählt werden, die zeitlich besser passt (5 min oder 10 min).

4.8.1 Ausführliches Feedback: Feedback-Gespräch

Lernziele: Die Schüler:innen können Feedback zum SPuR-Präventionsprogramm und ihren Erlebnissen geben.	
Dauer: 10 Minuten	
Material	**Vorarbeiten**
• Handout (Material 8)	• Handout ausdrucken
	• Ansprechpersonen vor Ort auf dem Handout ergänzen

Praktische Durchführungshinweise

Verteilen Sie das Handout und benennen Sie kurz die darauf notierten Ansprechpersonen vor Ort. Sie können im Vorfeld Ansprechpersonen vor Ort auf dem Handout ergänzen, z. B. Medienbeauftragte der Schule, Schulsozialarbeiter:innen und Beratungsstellen. Für das Feedbackgespräch stehen Ihnen verschiedene Möglichkeiten zur Verfügung. Sie können die Schüler:innen bitten nacheinander eine Zahl zwischen 1 und 10 zu nennen oder auf eine Moderationskarte schreiben lassen, die aussagt, wie zufrieden sie mit dem Tag waren (1 = Der Tag hat mir nicht gut gefallen, 10 = Der Tag hat mir sehr gut gefallen). Wenn sie möchten, dürfen sie einen Kommentar dazu abgeben oder aufschreiben, was ihnen z. B. besonders gut oder weniger gut gefallen hat. Alternativ dazu, können Sie auch eine Skala von 1 bis 10 auf die Tafel malen und die Schüler:innen bitten ein Kreuz zu setzen, das ihrer Einschätzung entspricht. Danach können Sie die Bewertungsskala nutzen, um mit den Schüler:innen ins Gespräch zu gehen. Abschließend lassen Sie das Modul auf dem SPuR-Programmplan abhaken und verabschieden sich.

Formulierungsbeispiel

„Wir sind jetzt am Ende angekommen. Ich habe ein Handout mitgebracht, dass die wichtigsten Inhalte von heute zusammenfasst *(Handout verteilen)*. Ihr seht, dass ich Ansprechpartner:innen aufgeschrieben habe, an die ihr euch wenden könnt.

Ich möchte gerne mit euch persönlich besprechen, wie euch das SPuR-Präventionsprogramm gefallen hat. Dazu würde ich euch bitten, eine Zahl zwischen eins und zehn zu nennen. Eins bedeutet, dass der Tag euch nicht so gut gefallen hat. Zehn heißt, dass der Tag euch sehr gut gefallen hat. Wenn ihr mögt, könnt ihr eine kurze Begründung dazu nennen, also zum Beispiel, was euch besonders gut gefallen hat oder was euch weniger gut gefallen hat. Wir fangen hier bei dir an *(Alle Schüler:innen zu Wort kommen lassen)*. Wir sind jetzt am Ende des Tages angekommen. Wer möchte dieses Modul auf dem SPuR-Programmplan abhaken? *(Schüler:in abhaken lassen)*. Vielen Dank, dass ihr so toll mitgemacht habt. Bis zum nächsten Mal!". ◄

4.8.2 Kurzes Feedback: „Alle, die..." mit Feedback-Sätzen

Lernziele: Die Schüler:innen können Feedback zum SPuR-Präventionsprogramm und ihren Erlebnissen geben.
Dauer: 5 Minuten

Material	Vorarbeiten
• Handout (Material 8) • Liste mit Feedback-Sätzen (Material 9)	• Handout ausdrucken • Ansprechpersonen vor Ort auf dem Handout ergänzen

Praktische Durchführungshinweise
Verteilen Sie das Handout und benennen Sie kurz die darauf notierten Ansprechpersonen vor Ort. Ähnlich wie beim Aufwärmspiel „Alle die..." machen Sie Aussagen und alle Schüler:innen auf die diese zutreffen, sollen aufstehen. Abschließend lassen Sie das Modul auf dem SPuR-Programmplan abhaken und verabschieden sich.

Formulierungsbeispiel

„Wir sind jetzt am Ende angekommen. Ich habe ein Handout mitgebracht, dass die wichtigsten Inhalte von heute zusammenfasst *(Handout verteilen)*. Ihr seht, dass ich Ansprechpartner:innen aufgeschrieben habe, an die ihr euch wenden könnt.

Ich möchte mir zum Schluss euer persönliches Feedback einholen. Ich nenne ein paar Aussagen und wenn diese auf euch zutreffen, dann steht bitte einmal auf. Wir sind jetzt am Ende des Tages angekommen. Wer möchte dieses Modul auf dem SPuR-Programmplan abhaken? *(Schüler:in abhaken lassen)*. Vielen Dank, dass ihr so toll mitgemacht habt. Bis zum nächsten Mal!". ◄

Liste mit Feedback-Sätzen
- Alle, denen es Spaß gemacht hat.
- Alle, die das Gefühl haben, dass sie etwas mitgenommen haben.
- Alle, die sich heute zwischendurch gelangweilt haben.
- Alle, die über ihr Posting-Verhalten im Internet nachgedacht haben.
- Alle, die jetzt mehr über Bildrechte wissen.
- Alle, die mindestens eine Übung richtig blöd fanden.
- Alle, die das Gefühl haben, mehr über Sexting zu wissen.

Literatur

Basile, K., Smith, S., Breiding, M., Black, M., & Mahendra, R. (2014). *Sexual violence surveillance: Uniform definitions and recommended data elements, Version 2.0.* National Center for Injury Prevention and Control, Centers for Disease Control and Prevention..

Jud, A., Rassenhofer, M., Witt, A., Münzer, A., & Fegert, J. M. (2016). *EXPERTISE „Häufigkeitsangaben zum sexuellen Missbrauch–Internationale Einordnung, Bewertung der Kenntnislage in Deutschland, Beschreibung des Entwicklungsbedarfs".* Arbeitsstab des Unabhängigen Beauftragten für Fragen des sexuellen Kindesmissbrauchs.

Klicksafe (o.D.). Sexting. https://www.klicksafe.de/themen/problematische-inhalte/sexting/sexting-worum-gehts. Zugegriffen: 16. April 2019.

Medienpädagogischer Forschungsverbund Südwest (mpfs, 2022). JIM 2022-Jugend, Information, Medien. Basisuntersuchung zum Medienumgang 12- bis 19-Jähriger. https://www.mpfs.de/fileadmin/files/Studien/JIM/2022/JIM_2022_Web_final.pdf. Zugegriffen: 11. Sept. 2023.

Gesetz betreffend das Urheberrecht an Werken der bildenden Künste und der Photographie. §22, §23, Kunsturhebergesetz KunstUrhG.

Sexueller Missbrauch von Kindern ohne Körperkontakt mit dem Kind. § 176a, Strafgesetzbuch StGB.

Verbreitung, Erwerb und Besitz kinderpornographischer Inhalte. § 184b, Strafgesetzbuch StGB.

Verbreitung, Erwerb und Besitz jugendpornographischer Inhalte. §184c, Strafgesetzbuch StGB.

Informationsveranstaltung für Eltern 5

> **Beispiel**
>
> „Mama, weißt du eigentlich, dass es gar nicht erlaubt ist, dass du immer wieder Fotos von mir und meinem Bruder auf WhatsApp in deinen Status stellst, ohne uns vorher zu fragen?" (Christina, 13 Jahre)
>
> „Papa, schau mal, in unserer Klassenchat-Gruppe hat einer meiner Mitschüler ein Foto von einem Mädchen aus meiner Schule nur in Unterwäsche gestellt. Wer ist so blöd und verschickt Fotos von sich in Unterwäsche?" (Tim, 14 Jahre)
>
> „Lucas hat Tessa gefragt, ob sie ihm ein Oben-Ohne-Foto zuschickt. Ich weiß nicht, was ich Tessa dazu raten soll. Sie ist so verliebt. Ich hätte aber ein voll mulmiges Gefühl dabei. Was meinst du dazu, Mama?" (Paula, 15 Jahre)
>
> „Was hast du dir eigentlich dabei gedacht? Habe ich dir nicht immer schon gesagt, dass man sich anderen nicht nackt zeigt? Das hätte ich nie von dir erwartet, dass du so etwas Dummes machst!" (Vater zu seinem 15-jährigen Sohn Leo, nachdem ein Foto in freizügiger Pose und nacktem Po auf dem Social-Media-Profil seines Freundes veröffentlicht wurde) ◄

Eltern und Sorgeberechtigte[1] haben über ihre Kinder früher oder später Berührungspunkte mit dem Thema Sexting. Sei es, weil das eigene Kind von der Veröffentlichung

---

[1] Im Folgenden sprechen wir zugunsten der Lesbarkeit nur von „Eltern", meinen damit aber auch alle Personen, die darüber hinaus für Kinder sorgeberechtigt sind.

Ergänzende Information Die elektronische Version dieses Kapitels enthält Zusatzmaterial, auf das über folgenden Link zugegriffen werden kann https://doi.org/10.1007/978-3-662-68722-2_5.

© Der/die Autor(en), exklusiv lizenziert an Springer-Verlag GmbH, DE, ein Teil von Springer Nature 2024
A. Endres et al., *Sexting, Privatsphäre und (Bild-)Rechte im Internet*,
https://doi.org/10.1007/978-3-662-68722-2_5

eines freizügigen Fotos betroffen ist oder weil es berichtet, dass solche Fotos in seinem Freundes- und Bekanntenkreis kursieren. Auch Medienberichte über ungewollt verbreitetes, freizügiges Bildmaterial von Jugendlichen, über medienbasierte sexualisierte Gewalt und Cybergrooming (d. h. der gezielten, medienbasierten Anbahnung sexueller Kontakte mit Minderjährigen durch Erwachsene), können das Thema schnell nach Hause bringen. Vor der Durchführung des SPuR-Präventionsprogramms empfiehlt sich das Angebot einer Informationsveranstaltung für Eltern vor allem aus drei Gründen: (1) Die Schüler:innen können nach der Durchführung des Programms zu Hause davon erzählen, Themen dazu aufbringen und Gesprächsbedarf haben. Je mehr Eltern über die Themen des SPuR-Präventionsprogramms wissen, umso besser können sie auf ihre Kinder eingehen. Über den Besuch der Informationsveranstaltung können die Eltern in Gesprächen mit ihren Kindern besser daran anknüpfen, was ihre Kinder im SPuR-Präventionsprogramm gehört haben und sich mit ihnen darüber austauschen. (2) Die Informationsveranstaltung bietet auch für Eltern Orientierung und hilfreiche Tipps zum Umgang mit Bildrechten, mit der Privatsphäre im Internet und mit Sexting. Das kann die Eltern zum einen in der Medienerziehung ihrer Kinder unterstützen, zum anderen auch helfen, das eigene Verhalten im Internet zu reflektieren und ggf. anzupassen. (3) Die Eltern erhalten über die Informationsveranstaltung auch Handlungsleitlinien dazu, was sie tun können, wenn ihre Kinder davon betroffen sind, dass Fotos ungewollt verbreitet wurden.

Lernziele der Informationsveranstaltung

In der Informationsveranstaltung sollen die Eltern für die Themen Bildrechte, Privatsphäre im Internet und Sexting sensibilisiert werden. Des Weiteren sollen Informationen über den Ablauf und die Inhalte des SPuR-Präventionsprogramms vermittelt werden. Zudem soll das Wissen zur Nutzung sozialer Medien und deren Risiken erweitert werden und Anregungen zu Strategien zum Umgang mit Sexting und der ungewollten Verbreitung von Bildmaterial gegeben werden. Die Eltern sollen zu individuellen Fragen und Anliegen informiert werden.

Dauer: 60–90 Min

Material	Vorarbeiten
• Präsentationsfolien „SPuR-Präsentation für Informationsveranstaltung" • Notebook/Tablet/PC • Bei Durchführung in Präsenz: Beamer und Pointer • Notizblock und Stift • Frageliste für Aktivierungsübung (Material 12)	• Lesen Sie das Kap. 2 „Theoretische Grundlagen" und Kap. 4 „Durchführung des SPuR-Präventionsprogramms" • Einladungen und SPuR- Informationsmaterial versenden (Material 10) • Ideen für die Moderation und Umsetzung (Material 11)

5 Informationsveranstaltung für Eltern

Praktische Durchführungshinweise
Vor der Durchführung des SPuR-Präventionsprogramms können Eltern, Schüler:innen und Lehrkräfte über Informationsmaterialien benachrichtigt werden (Material 10). Wenn Sie eine Informationsveranstaltung zum SPuR-Präventionsprogramm an einer Schule durchführen, bitten Sie die Schulleitung frühzeitig über den Termin und den Veranstaltungsort zu informieren und die Einladung zu versenden (z. B. über eine Termininfo in der Klassenpflegschaftssitzung, über eine Rundmail oder/und einen Vermerk im Schulkalender, über einen Aushang am (digitalen) Schwarzen Brett der Schule). Bei einem außerschulischen Angebot z. B. im Rahmen eines Workshops in einer Jugendfreizeit integrieren Sie einen Termin zu einer Informationsveranstaltung direkt auf der Ankündigung Ihres Präventionsangebots. Die Informationsveranstaltung kann in Präsenz oder digital per Videokonferenz angeboten werden. Bitten Sie interessierte Eltern sich für die Veranstaltung anzumelden, damit Sie einen Überblick über die zu erwartende Teilnehmendenzahl haben. Die Anzahl der Teilnehmenden kann sehr schwanken. Die SPuR-Informationsveranstaltung wurde bislang mit einer Teilnehmendenzahl von 5 bis 25 Personen erfolgreich erprobt. Für die Informationsveranstaltung können Sie die „SPuR-Präsentation für Informationsveranstaltung" nutzen. Die Inhalte können Sie bei Bedarf ergänzen und modifizieren. Für jede Folie stehen auch Hinweise zur inhaltlichen Umsetzung und Moderation zur Verfügung (Material 11). Machen Sie sich dennoch zur Vorbereitung ihrer Präsentation mit den Inhalten des Kap. 2 und des Kap. 4 vertraut.

▶ Die SPuR-Informationsveranstaltung lässt sich auch gut mit einem weiteren Vortragsangebot kombinieren. Beispielsweise mit einem Vortrag zum Thema Medienerziehung oder zur Prävention sexualisierter Gewalt eines/einer eingeladenen Experten/Expertin. Eine Abstimmung mit der Schule bzw. eine Vernetzung mit Experten/Expertinnen zu diesen Themen ist nützlich für eine vielfältige, schulbasierte Präventionsarbeit.

Die Informationsveranstaltung besteht aus zwei Teilen: Im *ersten Teil* erfolgt eine Begrüßung und Vorstellung, die Ausgabe von Material, eine Aktivierungsübung zum Einstieg und ein Frontalvortrag (siehe Tab. 5.1).

Wenn die Eltern Sie noch nicht kennen, stellen Sie sich nach einer Begrüßung zunächst genauer vor. Sind Sie schon bekannt, verweisen Sie auf den Kontext über den Sie mit den Eltern bereits zu tun hatten und benennen Ihre Funktion bei der Informationsveranstaltung (z. B. „Sie kennen mich als Schulsozialarbeiterin hier an der Schule. Heute bin ich hier, weil ich Sie über ein Programm informieren möchte, das ich bald mit Ihren Kindern durchführen werde."). Teilen Sie zu Beginn die Präsentationsfolien aus oder stellen Sie einen QR-Code zur Verfügung, über den die Teilnehmenden Zugang zu den Folien haben. Alternativ können Sie auch einen Tisch vorbereiten, von dem ein Ausdruck der Präsentationsfolien selbstständig genommen werden kann. Wenn Sie möchten, können Sie zusätzlich Flyer oder andere Materialien zu Medienerziehung ausgeben. Anschließend geben Sie zum Einstieg einen Überblick über den Informations-

Tab. 5.1 Überblick über die SPuR-Informationsveranstaltung

Teil 1	Begrüßung, Vorstellung und Materialausgabe	10 Min
	Überblick über die Informationsveranstaltung	5 Min
	Aktivierungsübung	Je nach Beteiligung und Teilnehmendenzahl: 5–10 Min
	Frontalvortrag	30 Min
Teil 2	Fragerunde/"Fragen-Murmelgruppe"/Austausch zwischen den Teilnehmenden	Je nach Beteiligung und Teilnehmendenzahl: 5–20 Min
	Abschluss	5 Min
	Optional: Einzelgespräche	Max. 20 Min

abend (siehe Folie 2 in der „Präsentation zur Informationsveranstaltung") und machen eine Aktivierungsübung.

Für die **Aktivierungsübung** bietet es sich an, dass Sie im Vorfeld das Vorwissen bzw. die Vorerfahrung der Eltern zu den Themen der Informationsveranstaltung erfragen. Sie können dazu folgende Fragen in die Runde geben und die Eltern bitten sich mit Aufzeigen, Ampelkarten oder „Daumen-hoch-quer-oder-runter" dazu zu positionieren. Notieren Sie sich hier knapp die Eindrücke und Wortmeldungen der Eltern.

Aktivierungsübung
- Wer von Ihnen kennt Social-Media-Apps? (Lassen Sie hier ein paar Beispiele benennen.)
- Wer von Ihnen hat ein eigenes Social-Media-Profil (z. B. eine Seite auf Facebook, Instagram)? (Lassen Sie hier ein paar Beispiele benennen.)
- Wer von Ihnen hat schon mal Fotos vom eigenen Kind auf dem Social-Media-Profil veröffentlicht (z. B. als Statusbild in WhatsApp, als Bild auf Facebook, Instagram)?
- Wer von Ihnen hat schon ein Foto des eigenen Kindes weitergeleitet, z. B. an Freunde oder Familienmitglieder?
- Wer von Ihnen hat schon Fotos von anderen auf Social-Media-Seiten erhalten?
- Wer von Ihnen wurde schon einmal fotografiert, ohne gefragt worden zu sein (z. B. auf einer Feier, bei der Arbeit)?
- Wer von Ihnen hat schon einmal etwas von „Sexting" gehört? (Wer aufzeigt kann gebeten werden zu beschreiben, was das ist.)
- Wer von Ihnen denkt, dass das eigene Kind einmal mit dem Thema Sexting zu tun haben wird? (Hier können Sie nachfragen: „Wer möchte dazu was sagen, was sind Ihre Überlegungen dazu? In welcher Form könnte Ihr Kind damit in Berührung kommen?")

5 Informationsveranstaltung für Eltern

Nach der Aktivierungsübung halten Sie einen frontalen **Vortrag.** In den frontalen Vortrag werden die folgenden Themen integriert:

- Was müssen Eltern über Internet und Privatsphäre wissen?
  - Hier vermitteln Sie Wissen zum Mediennutzungsverhalten von Jugendlichen, zur Bewältigung von Entwicklungsaufgaben und zum sogenannten „Privatsphäre-Paradox" (Abschn. 2.1). Berichten Sie auch aktuelle Zahlen zur Mediennutzung aus repräsentativen Studien (wie z. B. JIM-Studie), um die Verbreitung und Reichweite der Mediennutzungsgewohnheiten von Jugendlichen zu illustrieren.
- Warum ist Prävention zum Thema Sexting wichtig?
  - Erklären Sie hier, was mit dem Begriff „Sexting" gemeint ist, in welchen Situationen und aus welchen Gründen sich Jugendliche daran beteiligen und welche Risiken damit verbunden sein können. Geben Sie auch einen Einblick in Präventionsansätze (Devianz-Ansatz vs. Normalitäts-Ansatz) und erklären Sie das SPuR-Präventionsprogramm als universell-präventives Programm auf Basis des Normalitäts-Ansatzes. Leiten Sie im Vortrag auch den Bedarf für die Durchführung eines Angebots, wie dem SPuR-Präventionsprogramm für Jugendliche ab.
- Wie läuft das SPuR-Präventionsprogramm ab und was sind die Inhalte?
  - Benennen Sie zunächst die Ziele und Inhalte des SPuR-Präventionsprogramms im Überblick und erklären dann die fünf inhaltlichen Module und beispielhaft eine Übung pro Modul. Vermitteln Sie dabei auch die Botschaft, dass Inhalte des SPuR-Präventionsprogramms im Rahmen der Medienerziehung aufgegriffen werden können oder in Zukunft möglicherweise nützlich sein können.

Auch im frontalen Vortrag können Sie über verschiedene Wege, Kontakt zu den Zuhörenden herstellen, das Thema relevanter machen und die Zuhörenden aktivieren:

- Machen Sie Rückbezüge zu den Wortmeldungen aus der Aktivierungsübung.
- Stellen Sie Fragen zu Erfahrungen und Beispielen.
- Geben Sie den Zuhörenden immer wieder die Gelegenheit Fragen zu stellen oder Kommentare zu machen. Machen Sie das insbesondere dann, wenn Sie Unruhe oder Nebengespräche im Publikum wahrnehmen
- Dokumentieren Sie Wortmeldungen an der Tafel, auf einem Flipchart oder einer Moderationskarte.

Verweisen Sie während des Vortrags immer wieder auf die Unterlagen, die den Eltern zur Verfügung stehen (z. B. „Die HELP-Strategien, die ich Ihnen hier gerade vorstelle, finden Sie auch auf meinen Präsentationsfolien, die Sie vor sich liegen haben.").

▶ Wird eine Informationsveranstaltung per Videokonferenz durchgeführt, ist es möglich, dass die mündliche Beteiligung der Zuhörenden geringer ausfällt, die Veranstaltung kürzer ausfällt oder Personen zwischendurch „verloren gehen". Nutzen Sie hier aktivierende und zugleich technisch niederschwellige Methoden, um Rückmeldungen aus dem Publikum zu erhalten, wie z. B. „Kamera abdecken" für „Nein-Meldungen", Ermöglichen der Chat-Nachrichten-Funktion, „Daumen-hoch"-Zeichen entweder als Emoticon oder per echtem Handzeichen. Je nach technischen Gegebenheiten, können sich Eltern auch in virtuellen Räumen (sog. *Break-Out-Sessions*) in Kleingruppen miteinander unterhalten. Das hat den Vorteil des niederschwelligen Austauschs, birgt aber den Nachteil, dass Sie als Trainingskraft nicht an allen Kleingruppen gleichzeitig teilhaben können.

Im *zweiten Teil* beantworten Sie noch verbleibende Fragen, regen einen **Austausch der Eltern** untereinander an, gestalten den Abschluss des Abends und bieten an, dass Sie noch für Einzelgespräche mit Eltern zur Verfügung stehen.

Den interaktiven Teil können Sie mit einer sogenannten Murmelgruppe einleiten. Bitten Sie dazu alle Eltern mit dem/der Sitznachbarn/Sitznachbarin gemeinsam über Fragen zum Thema zu sprechen. Wer möchte kann eine Frage oder auch einen Kommentar auf einer Moderationskarte notieren und zu Ihnen weitergeben lassen. Sie sammeln diese Fragen und klären diese dann mit der Gesamtgruppe, ohne einzelne Eltern besonders als fragestellende Personen zu exponieren.

In Einzelgesprächen können Anliegen von Eltern angesprochen werden, die von besonderem persönlichem Gehalt sind und nicht in der Gesamtgruppe geteilt werden sollen. Benennen Sie für Einzelgespräche eine Uhrzeit, bis wann Sie zur Verfügung stehen, damit Eltern entscheiden, mit welchen Anliegen Sie zu Ihnen kommen (z. B. *„Ich bleibe noch bis 21 Uhr hier im Raum für Sie ansprechbar, falls Sie noch Fragen haben"*.). Lassen sich Anliegen von Eltern nicht in diesem Zeitfenster klären, besprechen Sie – je nach Ihrer beruflichen Verortung – Möglichkeiten zu unterstützen, beispielsweise im Rahmen eines Beratungsgesprächs an einem Folgetermin, in der Benennung einer konkreten Ansprechperson oder Beratungsstelle. Sie können auch auf Websites verweisen, die Unterstützungsangebote für Eltern anbieten (siehe Tab. 5.2).

Tab. 5.2 Hilfreiche Internetseiten für Eltern

Initiative „SCHAU HIN! Was Dein Kind mit Medien macht."	www.schau-hin.info
Informationsportal der EU-Initiative Klicksafe	www.klicksafe.de
Arbeitsgemeinschaft Kinder- und Jugendschutz Nordrhein-Westfalen	www.ajs.nrw
Landesanstalt für Medien NRW: Eltern und Medien	www.elternundmedien.de
Beratungsangebot fragZEBRA	www.zebra-medienfragen.de

Anhang

- Datei „Material 10 – SPuR-Informationsmaterial"
- Datei „Material 11 – Ideen für die Moderation und Umsetzung"
- Datei „Material 12 – Liste Aktivierungsübung"

Literatur

Arbeitsgemeinschaft Kinder- und Jugendschutz (AJS) Nordrhein-Westfalen e. V. (2024). *Arbeitsgemeinschaft Kinder- und Jugendschutz NRW*. www.ajs.nrw. Zugegriffen: 12. Feb. 2024.

Landesanstalt für Medien NRW (2024). Landesanstalt für Medien NRW: Eltern und Medien. www.elternundmedien.de. Zugegriffen: 12. Feb. 2024.

Landesanstalt für Medien NRW (2024). *fragZEBRA*. www.zebra-medienfragen.de. Zugegriffen: 12. Feb. 2024.

Medienanstalt Rheinland-Pfalz (2024). *Informationsportal der EU-Initiative Klicksafe*. www.klicksafe.de. Zugegriffen: 12. Feb. 2024.

Projektbüro SCHAU HIN! (2024). *SCHAU HIN! Was Dein Kind mit Medien macht*. www.schauhin.info. Zugegriffen: 12. Feb. 2024.

Literatur

Arnett, J. J. (2000). Emerging adulthood: A theory of development from the late teens through the twenties. *American Psychologist, 55*(5), 469–480. https://doi.org/10.1037/0003-066X.55.5.469.

Basile, K., Smith, S., Breiding, M., Black, M., & Mahendra, R. (2014). *Sexual violence surveillance: Uniform definitions and recommended data elements, Version 2.0.* National Center for Injury Prevention and Control, Centers for Disease Control and Prevention.

Beckmeyer, J. J., Herbenick, D., Fu, T.-C. J., Dodge, B., Reece, M., & Fortenberry, J. D. (2019). Characteristics of adolescent sexting: Results from the 2015 National Survey of Sexual Health and Behavior. *Journal of Sex & Marital Therapy, 45*, 767–780. https://doi.org/10.1080/0092623X.2019.1613463.

Beelmann, A. (2010). Bildungspsychologische Prävention. In C. Spiel, B. Schober, P. Wagner, & R. Reimann (Hrsg.), *Bildungspsychologie* (S. 275–290). Hogrefe.

Behrendt, P., Witz, C., Böhm, M., Dekker, A., & Budde, J. (2023). Victim Blaming bei nicht-konsensueller Weitergabe intimer Bilder: Ergebnisse einer Befragung von Schüler* innen und Lehrer* innen. *Zeitschrift für Sexualforschung, 36*(1), 5–16. https://doi.org/10.1055/a-2011-3989.

Berk, L. (2019) *Entwicklungspsychologie*. Pearson.

Bianchi, D., Morelli, M., Nappa, M. R., Baiocco, R., & Chirumbolo, A. (2021). A bad romance: Sexting motivations and teen dating violence. *Journal of Interpersonal Violence, 36*(13–14), 6029–6049. https://doi.org/10.1177/0886260518817037.

Borke, J., Schiller, E.-M., Schöllhorn, A., & Kärtner, J. (2015). *Kultur, Entwicklung, Beratung. Kultursensitive Therapie und Beratung für Familien mit Säuglingen und Kleinkindern*. Vandenhoeck & Ruprecht.

Bransford, J. D., Sherwood, R. D., Hasselbring, T. S., Kinzer, C. K., & Williams, S. M. (1990). Anchored instruction: Why we need it and how technology can help. In D. Nix & R. J. Spiro (Hrsg.), *Cognition, education, and multimedia: Exploring ideas in high technology* (S. 115–141). Lawrence Erlbaum Associates Inc.

Cognition and Technology Group at Vanderbilt (CTGV). (1990). Anchored instruction and its relationship to situated cognition. *Educational Researcher, 9*(6), 2–10. https://doi.org/10.3102/0013189X01900600.

Cognition and Technology Group at Vanderbilt (CTGV). (1992). The Jasper Series as an example of anchored instruction: Theory, program description, and assessment data. *Educational Psychologist, 27*(3), 291–315. https://doi.org/10.1207/s15326985ep2703_3.

Collins, W. A., & Steinberg, L. (2008). Adolescent development in interpersonal context. *Child and adolescent development: An advanced course*, 551-590. https://doi.org/10.1002/9780470147658.chpsy0316.

Cooper, K., Quayle, E., Jonsson, L., & Svedin, C. G. (2016). Adolescents and self-taken sexual images: A review of the literature. *Computers in Human Behavior, 55*, 706–771. https://doi.org/10.1016/j.chb.2015.10.003.

Dekker, A., Behrendt, P., & Pregartbauer, L. (2021). Zur nichtkonsensuellen Weiterleitung persönlicher erotischer Fotos an Schulen: Eine Befragung von Schulleitungen in Schleswig-Holstein zu sexuellen Grenzverletzungen mittels digitaler Medien. *Bundesgesundheitsblatt, Gesundheitsforschung, Gesundheitsschutz, 64*(11), 1391. https://doi.org/10.1007/s00103-021-03436-4.

Del Rey, R., Ojeda, M., Casas, J. A., Mora-Merchán, J. A., & Elipe, P. (2019). Sexting among adolescents: The emotional impact and influence of the need for popularity. *Frontiers in Psychology, 10*, 1828. https://doi.org/10.3389/fpsyg.2019.01828.

Dir, A. L., Cyders, M. A., & Coskunpinar, A. (2013). From the bar to the bed via mobile phone: A first test of the role of problematic alcohol use, sexting, and impulsivity-related traits in sexual hookups. *Computers in Human Behavior, 29*(4), 1664–1670. https://doi.org/10.1016/j.chb.2013.01.039.

Döring, N. (2012). Erotischer Fotoaustausch unter Jugendlichen: Verbreitung, Funktionen und Folgen des Sexting. *Zeitschrift für Sexualforschung, 25*(1), 4–25. https://doi.org/10.1055/s-0031-1283941.

Döring, N. (2014). Consensual sexting among adolescents: Risk prevention through abstinence education or safer sexting? *Cyberpsychology: Journal of Psychosocial Research on Cyberspace, 8*(1). https://doi.org/10.5817/CP2014-1-9.

Drouin, M., Vogel, K. N., Surbey, A., & Stills, J. R. (2013). Let's talk about sexting, baby: Computer-mediated sexual behaviors among young adults. *Computers in Human Behavior, 29*(5), 25–30. https://doi.org/10.1016/j.chb.2012.12.030.

Einwohlt, I. (Hrsg). (2021). *Uncovered–Dein Selfie zeigt alles: Klassenlektüre ab 12 Jahren zum Thema Sexting*. Arena Verlag.

Eschenbeck, H., & Knauf, R.-K. (2018). Entwicklungsaufgaben und ihre Bewältigung. In A. Lohaus (Hrsg.), *Entwicklungspsychologie des Jugendalters* (S. 23–50). Springer.

Flammer, A., & Alsaker, F. (2002). *Entwicklungspsychologie der Adoleszenz: Die Erschließung innerer und äußerer Welten im Jugendalter*. Huber.

Gesetz betreffend das Urheberrecht an Werken der bildenden Künste und der Photographie. §22, §23, Kunsturhebergesetz KunstUrhG.

Gil-Llario, M. D., Morell-Mengual, V., Giménez-García, C., & Ballester-Arnal, R. (2020). The phenomenon of sexting among Spanish teenagers: Prevalence, attitudes, motivations and explanatory variables. *Anales de Psicología, 36*(2), 210–219. https://doi.org/10.6018/analesps.390481.

Glüer, M. (2018). Digitaler Medienkonsum. In A. Lohaus (Hrsg.), *Entwicklungspsychologie des Jugendalters* (S. 197–222). Springer.

Glüer, M., & Lohaus, A. (2016). Participation in social network sites: Associations with the quality of offline and online friendships in German preadolescents and adolescents. *Cyberpsychology: Journal of Psychosocial Research on Cyberspace, 10*(2), Article 2. https://doi.org/10.5817/CP2016-2-2.

Hasebrink, U., Lampert, C., & Thiel, K. (2019). *Online-Erfahrungen von 9- bis 17-Jährigen. Ergebnisse der EU Kids Online-Befragung in Deutschland 2019* (2. Aufl.). Hans-Bredow-Institut.

Hasinoff, A. A. (2012). Sexting as media production: Rethinking social media and sexuality. *New Media & Society, 15*(4), 449–465. https://doi.org/10.1177/1461444812459171.

Havighurst, R. J. (1948). *Developmental tasks and education*. The University of Chicago Press.

Hollá, K. (2020). Sexting types and motives detected among Slovak adolescents. *European Journal of Mental Health, 15*(2), 75–92. https://doi.org/10.5708/EJMH.15.2020.2.1.

Hurrelmann, K., & Quenzel, G. (2016). *Lebensphase Jugend: Eine Einführung in die sozialwissenschaftliche Jugendforschung*. Beltz Juventa.

Jørgensen, C. R., Weckesser, A., Turner, J., & Wade, A. (2019). Young people's views on sexting education and support needs: Findings and recommendations from a UK-based study. *Sex Education, 19*(1), 25–40. https://doi.org/10.1080/14681811.2018.1475283.

Jud, A., Rassenhofer, M., Witt, A., Münzer, A., & Fegert, J. M. (2016). *EXPERTISE „Häufigkeitsangaben zum sexuellen Missbrauch–Internationale Einordnung, Bewertung der Kenntnislage in Deutschland, Beschreibung des Entwicklungsbedarfs"*. Arbeitsstab des Unabhängigen Beauftragen für Fragen des sexuellen Kindesmissbrauchs.

Katzman, D. K. (2010). Sexting: Keeping teens safe and responsible in a technologically savvy world. *Paediatrics & Child Health, 15*, 41–42. https://doi.org/10.1093/pch/15.1.41.

Kirkpatrick, D. L., & Kirkpatrick, J. D. (2006). *Evaluating training programs: The four levels* (3. Aufl.). Berrett-Koehler; McGraw-Hill.

Klettke, B., Hallford, D. J., Clancy, E., Mellor, D. J., & Toumbourou, J. W. (2019). Sexting and psychological distress: The role of unwanted and coerced sexts. *Cyberpsychology, Behavior and Social Networking, 22*, 237–242. https://doi.org/10.1089/cyber.2018.0291.

Klicksafe (o. D.). Sexting. https://www.klicksafe.de/themen/problematische-inhalte/sexting/sexting-worum-gehts. Zugegriffen: 16. Apr. 2019.

Klicksafe, & Handysektor (2018). Selfies, Sexting, Selbstdarstellung. https://www.klicksafe.de/materialien/selfies-sexting-selbstdarstellung. Zugegriffen: 26. Aug. 2023.

Kommission für Jugendmedienschutz (o. D.). Jugendmedienschutz. https://www.kjm-online.de/themen/jugendmedienschutz. Zugegriffen: 24. Sept. 2023.

Kopecký, K. (2015). Sexting among slovak pubescents and adolescent children. *Procedia – Social and Behavioral Sciences, 203*, 244–250. https://doi.org/10.1016/j.sbspro.2015.08.289.

Kultusministerkonferenz (2016). Bildung in der digitalen Welt- Strategie der Kultusministerkonferenz. https://www.kmk.org/fileadmin/Dateien/veroeffentlichungen_beschluesse/2016/2016_12_08-Bildung-in-der-digitalen-Welt.pdf. Zugegriffen: 12. Sept. 2023.

Larson, R. W., Richards, M. H., Sims, B., & Dworkin, J. (2001). How urban African-American young adolescents spend their time: Time budgets for locations, activities, and companionship. *American Journal of Community Psychology, 29*, 565–597.

Le, Donna, V., Temple, J. R., Peskin M., Markham, C., & Tortolero, S. (2014). Sexual behavior and communication. In T. C. Hiestand & W. J. Weins (Hrsg.), *Sexting and youth; A multidisciplinary examination of research, theory, and law* (S. 63–94). Carolina Academic Press.

Lenhart, A., Smitz, A., & Anderson, M. (2015). Teens, technology and romantic relationships. https://www.pewresearch.org/internet/2015/10/01/teens-technology-and-romantic-relationships/. Zugegriffen: 17. Sept. 2023.

Lippman, J. R., & Campbell, S. W. (2014). Damned if you do, damned if you don't… if you're a girl: Relational and normative contexts of adolescent sexting in the United States. *Journal of Children and Media, 8*(4), 371–386. https://doi.org/10.1080/17482798.2014.923009.

Livingstone, S., & Smith, P. (2014). Annual research review: Harms experienced by child users of online and mobile technologies: The nature, prevalence and management of sexual and aggressive risks in the digital age. *Journal of Child Psychology and Psychiatry, 55*(6), 635–654. https://doi.org/10.1111/jcpp.12197.

Madigan, S., Ly, A., Rash, C. L., van Ouytsel, J., & Temple, J. R. (2018). Prevalence of multiple forms of sexting behavior among youth: A Systematic Review and Meta-analysis. *JAMA Pediatrics, 172*, 327–335. https://doi.org/10.1001/jamapediatrics.2017.5314.

Maes, C., Van Ouytsel, J., & Vandenbosch, L. (2023). Victim blaming and non-consensual forwarding of sexts among late adolescents and young adults. *Archives of Sexual Behavior*. https://doi.org/10.1007/s10508-023-02537-2.

Medienberatung NRW (2019). Medienkompetenzrahmen NRW. https://medienkompetenzrahmen.nrw/. Zugegriffen: 14. Sept. 2023.

Medienpädagogischer Forschungsverbund Südwest (mpfs, 2015). JIM 2015-Jugend, Information, (Multi-)Media. Basisuntersuchung zum Medienumgang 12- bis 19-Jähriger in Deutschland. https://www.mpfs.de/fileadmin/files/Studien/JIM/2015/JIM_Studie_2015.pdf. Zugegriffen: 11. Sept. 2023.

Medienpädagogischer Forschungsverbund Südwest (mpfs, 2020). JIM 2020-Jugend, Information, Medien. Basisuntersuchung zum Medienumgang 12- bis 19-Jähriger. https://www.mpfs.de/fileadmin/files/Studien/JIM/2020/JIM-Studie-2020_Web_final.pdf. Zugegriffen: 11. Sept. 2023.

Medienpädagogischer Forschungsverbund Südwest (mpfs, 2022). JIM 2022-Jugend, Information, Medien. Basisuntersuchung zum Medienumgang 12- bis 19-Jähriger. https://www.mpfs.de/fileadmin/files/Studien/JIM/2022/JIM_2022_Web_final.pdf. Zugegriffen: 11. Sept. 2023.

Michikyan, M., & Suárez-Orozco, C. (2016). Adolescent media and social media use: Implications for development. *Journal of Adolescent Research, 31*(4), 411–414. https://doi.org/10.1177/0743558416643801.

Ministerium für Schule, Wissenschaft und Forschung (2001). Unterstützung für das Lernen mit Medien, BASS 16–13 Nr. 4.

Mitchell, K. J., Finkelhor, D., Jones, L. M., & Wolak, J. (2012). Prevalence and characteristics of youth sexting: A national study. *Pediatrics, 129*(1), 13–20. https://doi.org/10.1542/peds.2011-1730.

Molla-Esparza, C., Losilla, J. M., & Lopez-Gonzalez, E. (2020). Prevalence of sending, receiving and forwarding sexts among youths: A three-level meta-analysis. *PLoS ONE, 15*(12), e0243653. https://doi.org/10.1371/journal.pone.0243653.

Mori, C., Park, J., Temple, J. R., & Madigan, S. (2022). Are youth sexting rates still on the rise? A meta-analytic update. *Journal of Adolescent Health, 70*(4), 531–539. https://doi.org/10.1016/j.jadohealth.2021.10.026.

Mori, C., Temple, J. R., Browne, D., & Madigan, S. (2019). Association of sexting with sexual behaviors and mental health among adolescents: A systematic review and meta-analysis. *JAMA Pediatrics, 173*, 770–779. https://doi.org/10.1001/jamapediatrics.2019.1658.

Muck, C., Schiller, E.-M., Zimmermann, M., & Kärtner, J. (2018). Preventing sexual violence in adolescence: comparison of a scientist-practitioner program and a practitioner program using a cluster-randomized design. *Journal of Interpersonal Violence, 36*(3–4), NP1913–1940NP. https://doi.org/10.1177/0886260518755488.

Muñoz, R. F., Mrazek, P. J., & Haggerty, R. J. (1996). Institute of Medicine report on prevention of mental disorders: Summary and commentary. *American Psychologist, 51*(11), 1116–1122. https://doi.org/10.1037/0003-066X.51.11.1116.

Naezer, M., & Ringrose, J. (2019). Adventure, intimacy, identity, and knowledge: Exploring how social media are shaping and transforming youth sexuality. In S. Lamb & J. Gilbert (Hrsg.), *The Cambridge handbook of sexual development: Childhood and adolescence* (S. 419–438). Cambridge University Press.

Naezer, M., & van Oosterhout, L. (2021). Only sluts love sexting: Youth, sexual norms and non-consensual sharing of digital sexual images. *Journal of Gender Studies, 30*, 79–90. https://doi.org/10.1080/09589236.2020.1799767.

Nation, M., Crusto, C., Wandersman, A., Kumpfer, K. L., Seybolt, D., Morrissey-Kane, E., & Davino, K. (2003). What works in prevention: Principles of effective prevention programs. *American Psychologist, 58*(6–7), 449–456. https://doi.org/10.1037/0003-066X.58.6-7.449.

Nestler, C., Endres, A., & Schiller, E. M. (2022). Schulbasierte Prävention der missbräuchlichen Verbreitung freizügiger Fotos im Internet: Konzeption und Evaluation des SPuR-Programms. *Praxis der Kinderpsychologie und Kinderpsychiatrie, 71*(4), 362–383. https://doi.org/10.13109/prkk.2022.71.4.362.

Ojeda, M. ,& Del Rey, R. (2022). Lines of action for sexting prevention and intervention: A systematic review. *Archives of sexual behavior,* 1–29. https://doi.org/10.1007/s10508-021-02089-3.

Patchin, J. W., & Hinduja, S. (2019). The nature and extent of sexting among a national sample of middle and high school students in the US. *Archives of Sexual Behavior, 48,* 2333–2423. https://doi.org/10.1007/s10508-019-1449-y.

Petersen, A. C., Kennedy, R. E., & Sullivan, P. A. (1991). Coping with adolescence. In M. Colten & S. Gore (Hrsg.), *Adolescent stress: Causes and consequences* (S. 93–110). Aldine de Gruyter.

Rauh, F. (2016). *Fit und fair im Netz: Strategien zur Prävention von Cyberbullying und Sexting.* hep verlag.

Reed, L. A., Boyer, M. P., Meskunas, H., Tolman, R. M., & Ward, L. M. (2020). How do adolescents experience sexting in dating relationships? Motivations to sext and responses to sexting requests from dating partners. *Children and Youth Services Review, 109,* 1–10. https://doi.org/10.1016/j.childyouth.2019.104696.

Rice, E., Rhoades, H., Winetrobe, H., Sanchez, M., Montoya, J., Plant, A., & Kordic, T. (2012). Sexually explicit cell phone messaging associated with sexual risk among adolescents. *Pediatrics, 130*(4), 667–673. https://doi.org/10.1542/peds.2012-0021.

Ringrose, J., Gill, R. Livingstone, S., & Harvey, L. (2012). *A qualitative study of children, young people and 'sexting': Report prepared for the NSPCC.* National Society for the Prevention of Cruelty to Children.

Rousseau, A., Frison, E., & Eggermont, S. (2019). The reciprocal relations between Facebook relationship maintenance behaviors and adolescents' closeness to friends. *Journal of Adolescence, 76,* 173–184. https://doi.org/10.1016/j.adolescence.2019.09.001.

Sánchez-Hernández, M. D., Herrera, M. C., & Expósito, F. (2021). Does the number of likes affect adolescents' emotions? The moderating role of social comparison and feedback-seeking on Instagram. *The Journal of Psychology: Interdisciplinary and Applied, 156*(3), 200–223. https://doi.org/10.1080/00223980.2021.2024120.

Schneewind, K. A., & Berkic, J. (2010). Familienpsychologie. In D. H. Rost (Hrsg.), *Handwörterbuch Pädagogische Psychologie* (S. 197–213). Beltz.

Schoeler, T., Duncan, L., Cecil, C. M., Ploubidis, G. B., & Pingault, J. B. (2018). Quasi-experimental evidence on short-and long-term consequences of bullying victimization: A meta-analysis. *Psychological Bulletin, 144,* 1229–1246. https://doi.org/10.1037/bul0000171.

Scriven, M. (1991). *Evaluation thesaurus* (4. Aufl.). Sage Publications.

Sessa, F. M., & Steinberg, L. (1991). Family structure and the development of autonomy during adolescence. *The Journal of Early Adolescence, 11*(1), 38–55. https://doi.org/10.1177/0272431691111003.

Sexueller Missbrauch von Kindern ohne Körperkontakt mit dem Kind. § 176a, Strafgesetzbuch StGB.

Simmons, R. G., Burgeson, R., Carlton-Ford, S., & Blyth, D. A. (1987). The impact of cumulative change in early adolescence. *Child Development, 58*(5), 1220–1234. https://doi.org/10.2307/1130616.

Smahel, D., Machackova, H., Mascheroni, G., Dedkova, L., Staksrud, E., Ólafsson, K., Livingstone, S., & Hasebrink, U. (2020). *EU Kids Online 2020: Survey results from 19 countries.* EU Kids Online. https://doi.org/10.21953/lse.47fdeqj01ofo.

Smetana, J. G., Campione-Barr, N., & Metzger, A. (2006). Adolescent development in interpersonal and societal contexts. *Annual Review of Psychology, 57,* 255–284. https://doi.org/10.1146/annurev.psych.57.102904.190124.

Spiel, C., Gradinger, P., & Lüftenegger, M. (2010). Grundlagen der Evaluationsforschung: Basics of Evaluation Research. In H. Holling & B. Schmitz (Hrsg.), *Handbuch Statistik, Methoden und Evaluation* (S. 223–232). Hogrefe.

Statistisches Bundesamt (2021). Auszug aus dem Datenreport 2021 – Kapitel 2: Familie, Lebensformen und Kinder. https://www.destatis.de/DE/Service/Statistik-Campus/Datenreport/Downloads/datenreport-2021-kap-2.pdf?__blob=publicationFile. Zugegriffen: 17. Sept. 2023.

Steinberg, D. B., Simon, V. A., Victor, B. G., Kernsmith, P. D., & Smith-Darden, J. P. (2019). Onset trajectories of sexting and other sexual behaviors across high school: A longitudinal growth mixture modeling approach. *Archives of Sexual Behavior, 48*, 2321–2331. https://doi.org/10.1007/s10508-019-1414-9.

Steinberg, L., & Morris, A. (2001). Adolescent development. *Annual Review of Psychology, 52*(1), 83–110. https://doi.org/10.1146/annurev.psych.52.1.83.

Subrahmanyam, K., & Greenfield, P. M. (2008). Online communication and adolescent relationships. *The Future of Children, 18*(1), 119–146. https://doi.org/10.1353/foc.0.0006.

Subrahmanyam, K., Greenfield, P. M., & Tynes, B. (2004). Constructing sexuality and identity in an online teen chat room. *Journal of Applied Developmental Psychology, 25*(6), 651–666. https://doi.org/10.1016/j.appdev.2004.09.007.

Suzuki, L. K., & Calzo, J. P. (2004). The search for peer advice in cyberspace: An examination of online teen bulletin boards about health and sexuality. *Journal of Applied Developmental Psychology, 25*(6), 685–698. https://doi.org/10.1016/j.appdev.2004.09.002.

Tisato, F. (2018). Das Präventionsprogramm für die Sekundarstufe I zu den Themenbereichen Tabak-Alkohol-Cannabis und Digitale Medien. https://www.be-freelance.net/de/100-un-terrichts-module/digitale-medien/sexting. Zugegriffen: 26. Aug. 2023.

Trepte, S., & Dienlin, T. (2014). Privatsphäre im Internet. In T. Porsch & S. Pieschl (Hrsg.), *Neue Medien und deren Schatten. Mediennutzung, Medienwirkung und Medienkompetenz, 1*, 51–80.

Twain, M., Clemens, S., & Smith, H. E. (2012). *Autobiography of Mark Twain*. University of California Press.

Valkenburg, P. M., & Peter, J. (2009). The effects of instant messaging on the quality of adolescents' existing friendships: A longitudinal study. *Journal of Communication, 59*(1), 79–97. https://doi.org/10.1111/j.1460-2466.2008.01405.x.

Van Ouytsel, J., Lu, Y., Ponnet, K., Walrave, M., & Temple, J. R. (2019a). Longitudinal associations between sexting, cyberbullying, and bullying among adolescents: Cross-lagged panel analysis. *Journal of Adolescence, 73*, 36–41. https://doi.org/10.1016/j.adolescence.2019.03.008.

Van Ouytsel, J., Ponnet, K., Walrave, M., & d'Haenens, L. (2017). Adolescent sexting from a social learning perspective. *Telematics and Informatics, 34*(1), 287–298. https://doi.org/10.1016/j.tele.2016.05.009.

Van Ouytsel, J., Walrave, M., & Ponnet, K. (2019b). Sexting within adolescents' romantic relationships: How is it related to perceptions of love and verbal conflict? *Computers in Human Behavior, 97*, 216–221. https://doi.org/10.1016/j.chb.2019.03.029.

Van Ouytsel, J., Walrave, M., & van Gool, E. (2014). Sexting: Between thrill and fear – How schools can respond. *The Clearing House: A Journal of Educational Strategies, Issues and Ideas, 87*, 204–212. https://doi.org/10.1080/00098655.2014.918532.

Verbreitung, Erwerb und Besitz kinderpornographischer Inhalte, § 184b Strafgesetzbuch StGB.

Verbreitung, Erwerb und Besitz jugendpornographischer Inhalte, § 184c Strafgesetzbuch StGB.

Verletzung des höchstpersönlichen Lebensbereichs und von Persönlichkeitsrechten durch Bildaufnahmen, § 201a Strafgesetzbuch.

Vierhaus, M., & Wendt, E.-V. (2018). Sozialbeziehungen zu Gleichaltrigen. In A. Lohaus (Hrsg.), *Entwicklungspsychologie des Jugendalters* (S. 139–167). Springer.

Vogelsang, V. (2017). *Sexuelle Viktimisierung, Pornografie und Sexting im Jugendalter*. Springer Fachmedien Wiesbaden.

Walker, S., Sanci, L., & Temple-Smith, M. (2013). Sexting: Young women's and men's views on its nature and origins. *Journal of adolescent health, 52*(6), 697–701. https://doi.org/10.1016/j.jadohealth.2013.01.026.

Walrave, M., Ponnet, K., Van Ouytsel, J., Van Gool, E., Heirman, W., & Verbeek, A. (2015). Whether or not to engage in sexting: Explaining adolescent sexting behaviour by applying the prototype willingness model. *Telematics and Informatics, 32*(4), 796–808. https://doi.org/10.1016/j.tele.2015.03.008.

Walsh, D. (2019). Young people's considerations and attitudes towards the consequences of sexting. *Educational & Child Psychology, 36*(1), 58–73.

Weichold, K., & Silbereisen, R. K. (2018). Jugend (12–20 Jahre). In W. Schneider & U. Lindenberger (Hrsg.), *Entwicklungspsychologie* (S. 235–258). Beltz.

Westermann, R. (2002). Merkmale und Varianten von Evaluationen. *Zeitschrift für Psychologie/Journal of Psychology, 210*(1), 4–26. https://doi.org/10.1026//0044-3409.210.1.4.

Ybarra, M. L., & Mitchell, K. J. (2014). „Sexting" and its relation to sexual activity and sexual risk behavior in a national survey of adolescents. *The Journal of Adolescent Health: Official Publication of the Society for Adolescent Medicine, 55*(6), 757–764. https://doi.org/10.1016/j.jadohealth.2014.07.012.

Printed by Printforce, the Netherlands